Franz Hadriga und Eva Maria Schwalb

ANTON WILDGANS
Ein Lesebuch

ANTON WILDGANS

Ein Lesebuch

Herausgegeben
von Franz Hadriga
und Eva Maria Schwalb

in Zusammenarbeit mit
Herbert Zeman
und Dietz-Rüdiger Moser

hpt

Die Herausgabe dieses Buches wurde durch
das Bundesministerium für Unterricht und Kunst,
die Kulturabteilung des Landes Niederösterreich,
die Anton-Wildgans-Gesellschaft
sowie
das Kulturamt der Stadt Wien
gefördert.

Die Deutsche Bibliothek – CIP-Einheitsaufnahme
Wildgans, Anton:
Anton Wildgans : ein Lesebuch / hrsg. von Franz Hadriga und Eva Maria Schwalb. In Zusammenarb. mit Herbert Zeman und Dietz-Rüdiger Moser. – 1. Aufl. – Wien : hpt, 1994
ISBN 3-209-01595-3
NE: Hadriga, Franz [Hrsg.]; Wildgans, Anton: [Sammlung]

1. Auflage 1994

Die Bühnen- und Dramatisierungsrechte
repräsentiert der Thomas Sessler Verlag, Wien

Druck: G & G Buchvertrieb, Abteilung DIGIBUCH, Wien

ISBN 3-209-01595-3

Beweggrund zu diesem Lesebuch ist für uns vor allem die eigene Aufgeschlossenheit für das Werk des großen österreichischen Schriftstellers und damit verbunden die Hoffnung, daß der Inhalt seiner Dichtung auch heute noch wertvolle Aspekte zu bieten hat und daher akzeptiert werden kann.

Ein anderes Motiv ergibt sich aus der spannenden Rezeptionsgeschichte. Bis in die Gegenwart finden sich sowohl Menschen, welche die Wildgansdichtung schätzen und sich von ihr angesprochen fühlen, als auch Kritiker. Das mag wohl einerseits mit der persönlichen Einstellung des Lesers zu den verschiedenen Seiten des Lebens zusammenhängen, andererseits aber auch mit der Auffassung von Wesen und Aufgabe einer Dichtung. Die reiche Literatur über Wildgans bietet für ambivalente Haltungen genügend Beweise.

Wildgans ist ein Dichter, der zu Polarisierungen anregt. Gerade darin ist ein Signal zu sehen, daß es lohnend sein mag, sich mit seinem Werk zu beschäftigen, um sich ein eigenes Urteil zu bilden.

Anton Wildgans – ein zeitgemäßer Autor?

Die Idee, eine Auswahl aus dem Werk von Anton Wildgans zu einem Lesebuch zu gestalten, hatte Franz Hadriga: Die jahrzehntelange pädagogische Erfahrung im Gymnasialschuldienst und die an die Anton-Wildgans-Gesellschaft herangetragenen Wünsche eines breiteren Lesepublikums motivierten den Schulmann, die vorliegende Anthologie zu verwirklichen.

Franz Hadriga hat in den Jahren seiner schulischen Tätigkeit nach dem Zweiten Weltkrieg nicht nur das „langsame Verschwinden des Anton Wildgans aus der Literaturgeschichte"*), sondern auch das Verschwinden aus den österreichischen Lesebüchern erlebt. Sein hier vorgelegtes Unternehmen ist jedoch nicht einfach das eines unzeitgemäßen Widerstandes. Wenn Dietz-Rüdiger Moser nämlich in der nachfolgenden Abhandlung feststellt, daß man Anton Wildgans „heute gerade dort bedeutend und interessant finden [wird], wo man ihn in der Vergangenheit am wenigsten beachtet hat, daß heißt vor allem auf dem Gebiet des Erzählens" und weiter, daß man unter dem Aspekt „seiner Leistung als Erzähler [...] die Position des Schriftstellers Anton Wildgans" literarhistorisch neu wird bestimmen müssen, so ist damit neben einem neuen Leseinteresse zugleich auch eine neue literarhistorische Aufgabe angekündigt, die schon während des Symposions der Anton-Wildgans-Gesellschaft am 4. Mai 1992, zum 60. Todestag des Autors im Niederösterreichischen Landhaus formuliert worden war. Auch die Leistung als Übersetzer, die Anton Wildgans in den Jahren 1923 und 1924 mit den „Sonetten aus dem Italienischen" vorlegte, verdient eine neue Bewertung. Denn hier bedient sich der Autor einer Bildersprache, die über die bei ihm sonst zuweilen stereotype rhetorische Transposition von Gedankengängen hinausgeht und vieles überhaupt lebendig ins Bild hebt, was im übrigen Werk oft duch die plane Rhetorik an künstlerischem Gehalt nicht gestaltbar erscheint.

Die zeitgenössischen Vorwürfe, die Anton Wildgangs aus dem schriftstellerischen Kollegenkreis zu ertragen hatte, berücksichtigten diese beiden soeben genannten Bereiche seines Schaffens nicht: Hauptangriffspunkte waren die Lyrik und die Dramen.

Die zeitgenössischen Kritiker des Anton Wildgans – von Karl Kraus bis zu Robert Musil – erlebten freilich die Hochstilisierung des Autors durch dessen Anhänger zum seherisch begabten, die Welt durchschauenden Dichter. Sie aber mußten ihm

---

*) Wendelin Schmidt-Dengler: Das langsame Verschwinden des Anton Wildgans aus der Literaturgeschichte. In: Die einen raus, – die anderen rein, hrsg. v. W. Schmidt-Dengler, Johann Sonnleithner u. Klaus Zeyringer (= Philologische Studien und Quellen, Heft 128), Berlin 1994, S. 71–84.

von ihrem Standpunkt aus vorwerfen, daß er nichts anderes tat, als bloß sein rhetorisches Vermögen allzusehr an Alltagsprobleme zu hängen: sie warfen ihm ferner vor, je nach allgemeiner aktueller politischer Lage das geübte rhetorische Pathos nur ideell zu verbrämen (vgl. etwa die Kritik an den Kriegsgedichten durch Karl Kraus oder Alfred Polgars Kritik am Drama „Kain") und ganz einfach die Sichtweise des Bürgertums auf soziale Konflikte oder auf individuelle Regungen des Herzens hin entweder nahe an der Wirklichkeit (realistisch-naturalistisch) oder in mythischer, keineswegs zwingender Überhöhung (vgl. Musils scharfe Kritik am „Kain") darzubieten.

Wildgans erscheint hier als spätbürgerlicher, dem Bürgertum seiner Zeit aus dem Herzen sprechender, jedoch allzu zeitgemäßer Rhetoriker, der späteren Zeiten daher fremd und überholt erscheinen mußte; als Dichter im eigentlichen Sinn konnte Wildgans seinen Kritikern nicht gelten; dazu blieb ihnen das, was er schrieb, auf die erwähnte Weise zu sehr an der Oberfläche. Auf eine solche Einschätzung zielt auch Franz Bleis satirische Charakteristik von Wildgans im „Großen Bestiarium", und in diesem Sinn setzte Robert Musil sein selbstbewußt des öfteren ausgesprochenes Dichtertum von der nicht-dichterischen Existenz des angegriffenen Autors ab. In solchem Zusammenhang wird verständlich, daß mit dem unerhörten Aufstieg der Wertschätzung von Karl Kraus und Robert Musil nach dem Zweiten Weltkrieg durch die literarische Öffentlichkeit der Stern von Anton Wildgans zu verblassen begann: Das Verschwinden des Namens Anton Wildgans aus den Lesebüchern und Literaturgeschichten war letztlich das Ergebnis einer neuen literarischen Geschmacksbildung. Auch diesen Problemkreis sollte der moderne Leser bedenken, wenn er in der hier vorgelegten Auswahl liest.

Die vorliegende Anthologie hat ihre Aufgabe erfüllt, wenn sie im oben dargestellten Sinn auf einen seinerzeit anerkannten, heute im deutschen Sprachraum nahezu vergessenen Autor Österreichs aufmerksam macht.

Der Österreicher Anton Wildgans aus literarhistorischer Sicht

von Dietz-Rüdiger Moser

Wer war dieser Schriftsteller, dessen Gedichte man in österreichischen Schulen auswendig lernte, der im homerischen Stil, ohne Scheu vor dem deutschen Hexameter, unter dem Titel „Kirbisch" ein bemerkenswertes Dorf-Epos schrieb und zugleich als sozialkritisch engagierter Autor über die Grenzen seines Landes hinaus Beachtung fand? Er war zunächst und vor allem ein engagierter Österreicher, der dennoch in Deutschland weit eher Anerkennung fand als in seiner Heimat. Lange bevor seine Werke in Wien gedruckt wurden, nahmen sich ihrer schon deutsche Verleger an: Pierson in Dresden und Leipzig (seit 1902), Axel Juncker in Berlin (1909), Alfred Stackmann, der lebenslange Freund, und Philipp Reclam jr. in Leipzig. Sogar deutsche Bühnen öffneten sich, eher noch als österreichische, seinem dramatischen Werk. Und als Anton Wildgans 1925 eine Vortragsreise durch fünfzehn deutsche Städte unternahm, konnte er befriedigt feststellen, daß die Norddeutschen, die er „gar nicht so kalt" fand, wenn man sie nur zu erwärmen wisse, ihm „bereits gänzlich verfallen" waren. Dennoch blieb er in seinem Herzen ein geradezu leidenschaftlicher Österreicher, dessen „Rede über Österreich" von 1929 einst ebenso Aufsehen erregte wie seine verschiedenen Äußerungen über den österreichischen Menschen oder die „liebe österreichische Erde". Es mag sein, daß dieser Enthusiasmus für Österreich schließlich seiner Geltung außerhalb Österreichs Abbruch getan hat. Denn während er dort bis heute in allen Literaturgeschichten des 20. Jahrhunderts hinreichend gewürdigt wird, ist sein Name aus den meisten außerösterreichischen Darstellungen dieser Epoche verschwunden.

Dabei verdient es Anton Wildgans durchaus, daß man sich seiner auch außerhalb seiner engeren Heimat wieder erinnert. Denn man wird ihn heute gerade dort bedeutend und interessant finden, wo man ihn in der Vergangenheit am wenigsten beachtet hat, das heißt vor allem auf dem Gebiet des Erzählens. Die meisten Arbeiten, die sich bislang mit ihm beschäftigt haben und es sind nicht wenige, darunter respektable Dissertationen, würdigten ihn als (zu seiner Zeit sehr erfolgreichen) Dramatiker und als zweimaligen Direktor des Wiener Burgtheaters, dessen „geistige Sendung« ihm ein besonderes Anliegen bedeutete; andere gingen (mehr oder weniger beiläufig) auf seine Lyrik ein. Daß er aber daneben ein sehr beachtenswerter Erzähler war, fand kaum hinreichende Berücksichtigung, auch wenn sein erzählerisches Meisterwerk, die vielfach neu aufgelegte

Autobiographie „Musik der Kindheit“ (mit dem Untertitel „Ein Heimatbuch aus Wien“) von 1928, die er als eine Art modernes Gegenstück zu Adalbert Stifters Bildern „Aus dem Alten Wien“ geschrieben hatte, in keiner Darstellung seines Wirkens unerwähnt bleibt. Gerade unter dem Aspekt seiner Leistung als Erzähler wird man die Position des Schriftstellers Anton Wildgans neu bestimmen müssen. Man hat ihn neuerdings hier und da als Epigonen gezeichnet, so wenn man ihn zumindest vom verlegerischen Interesse her zusammen mit anderen österreichischen Autoren in den „Windschatten Roseggers“ stellte. Aber mit diesem verband ihn (außer persönlicher Bekanntschaft) kaum mehr als das Interesse an „Land und Leuten“, so daß die Unterschiede, besonders was Herkunft, Bildungsweg und literarischen Anspruch anging, weit größer waren als die Gemeinsamkeiten. Anton Wildgans kam nicht aus dem Gebirge oder vom Lande, sondern aus der Großstadt Wien, der er sich bei aller ausgeprägten Naturliebe zeitlebens verbunden fühlte. Enge des Horizontes blieb ihm, der in jungen Jahren Portugal, die Kanarischen Inseln, Ceylon, Afrika, ja sogar Australien und den Rand Indiens gesehen hatte, von Grund auf fremd. Er war auch kein Autodidakt, sondern ein gebildeter, ja philosophischer Kopf mit Universitätsstudium und Befähigung zum Richteramt; kein Einzelgänger um jeden Preis, auch wenn er um des Schaffens willen die „erhöhten Momente der Einsamkeit“ suchte, sondern in Gesellschaften ein geschätzter, oft hinreißender, über Geist, Witz und Humor frei verfügender Unterhalter; ein guter Freund vieler Freunde, mit denen er geradezu „Orgien des Wiedersehens, des gegenseitigen Vorlesens und des Weingenusses“, auch mancher kulinarischer Schwelgereien, zu feiern verstand; ein Mann, der eine ausgedehnte Korrespondenz unterhielt und bei den Literaten seiner Zeit, etwa bei Stefan Zweig, Hugo von Hofmannsthal, Arthur Schnitzler oder Gerhart Hauptmann, in hohem Ansehen stand; ein empfindsamer, sensibler Charakter, den der frühe Verlust der Mutter, dann die leidvollen Erfahrungen mit der nur nach außen hin gütigen Stiefmutter und einem bald schwer dahinsiechenden Vater in Gehemmtheit, Verschlossenheit, Einsamkeit, ja in das Schweigen gedrängt hatten; ein Lyriker, der sein eigenes Leid, seine innere Qual, ähnlich wie Rainer Maria Rilke oder Richard Dehmel, auf die er in diesem Zusammenhang selber verwies, bei Baudelaire gültig ausgedrückt fand, und der in der Auseinandersetzung mit diesem, von dem er dann Manches übersetzte, und mit den französischen Symbolisten seinen eigenen Tonfall entwickelte; schließlich ein bis zur Arbeitswut fleißiger Schreiber, dem gesundheitliche und andere Bedrängnisse, vor allem die Not der Inflationszeit, ein hohes Maß an Selbstdisziplin, Ausdauer, Selbstüberwindung und Energie abverlangten, besonders nachdem er das sichere Beamtendasein für seine Zeit (und für österreichische Verhältnisse schon gar, denkt man an Beamtendichter wie den von ihm hochverehrten Franz Grillparzer, wie Adalbert Stifter, wie Josef Weinheber) nicht untypisch dem freien Schriftstellertum mit seinen Risiken aufgeopfert hatte.

Fragt man nach den inneren Triebkräften, die das schriftstellerische Wirken des Anton Wildgans bestimmten, wird man einerseits eine angeborene Freude an allem Schönen, verbunden mit einer geradezu leidenschaftlichen Liebe zu

Menschen und zur Natur, feststellen können., die sich im Gedicht Ausdruck suchte und ihn hier auch fand (überwiegend in traditionellen Formen, wie dem aus Bewunderung für Homer vielfach verwendeten Hexameter, überhaupt dem Epos oder auch dem Sonett, hin und wieder auch der Allegorie), andererseits ein starkes, durch die Berufstätigkeit als Richter (besonders als Untersuchungsrichter am Landesgericht für Strafsachen in Wien) noch intensiviertes sozialkritisches Engagement, wie es in seinen Dramen „Armut" von 1915 oder „Dies Irae" von 1919 zum Ausdruck gelangte, übrigens auch in seinen Kriegsgedichten, die aus heutiger Sicht an sich nicht unproblematisch anmuten, wenngleich sie mehr und mehr von den leidvollen Erfahrungen des Menschenmordens geprägt waren; sie – von denen noch manche auf der Bayerischen Staatsbibliothek in München vorhanden sind – setzte er nicht zufällig gerade zugunsten der Kriegerwitwen und Kriegsweisen, aufwendig gedruckt, in Umlauf. Seine Doppelbegabung als Lyriker und Dramatiker aber wurde getragen von einem tiefverwurzelten Hang zum Erzählen, der seiner immer wieder hervorgehobenen sonstigen Verschlossenheit entgegenlief. Anton Wildgans berichtet selber, wie er schon als Kind einmal aus innerer Erregung „fieberhaft flüsternd zu seinen eigenen Füßen" geredet habe, ohne also des herausfordernden Gegenübers zu bedürfen, und wir wissen, daß ihn auch später seine lebhafte Phantasie immer wieder dazu drängte, sich seinen Freunden erzählend mitzuteilen. Dieses Bedürfnis, andere Menschen an seinen Beobachtungen und Überlegungen teilhaben zu lassen, erfuhr seine Vertiefung durch ein stetiges Bemühen um den rechten Ausdruck, die bestmögliche Form. Leichtfertiger Umgang mit der Sprache war ihm kaum weniger verhaßt als seinem Zeitgenossen und (aus Böhmen stammenden) Landsmann Karl Kraus, der im übrigen mit seinem bekannten, beißenden Spott auch Anton Wildgans nicht verschonte und ihm, nicht anders als seinem Opfer Stefan Zweig, im Januar 1924 für einige weniger geglückte Reimverse kräftig die Leviten las. Dabei hatte Wildgans schon im Sommer 1911 von Bozen aus seinem Freunde Fritz Haymerle geschrieben: „Ich finde wieder allmählich meine eigene Sprache in ungebundener Rede. Das soll die Haupterrungenschaft dieses Sommers sein. Stoffe habe ich in Hülle und Fülle. Aber bei mir entsteht eine Sache erst dann, wenn die innere Musik der Fabel mit der Sprache keine Dissonanz mehr bildet. Ich habe gestern und vorgestern eine Novelle geschrieben, die ich als gelungen bezeichnen muß, Ave Maria. Die Novelle Pfand der Liebe, die ich Dir im Frühjahr vorlas, habe ich ganz umgearbeitet. Sie ist aber immer noch nicht so, wie ich will. Da hilft nichts, ich muß noch einmal daran."

Hübsch bringt Lilly Wildgans das Ringen ihres Mannes um seinen künstlerischen Prosastil mit ihren eigenen „kühnen Bergbesteigungen" und ihrer „Vorliebe für gewagte Abenteuer" zusammen. Anton Wildgans wußte, wie vieler Arbeit es bedarf, vollendete Prosa zu schreiben, und so feilte er an ihr nicht weniger sorgsam als an seiner Lyrik, wie er überhaupt, wie er später einmal ironisch an den Buchgestalter Rudolf Junk schrieb, seiner Poeterei „mit Hilfe des Duden, der Deutschen Rechtschreibung für Österreichische Schulen und des Reimlexikons von Steputat" den letzten Schliff zu geben suchte. Während aber an seiner Lyrik ein gewisses Pathos, wie es die Zeit liebte, haften blieb, bediente er sich bei der Prosa einer ganz schlichten, dabei keineswegs unoriginellen Redeweise, die auch heute noch ganz unverbraucht, ganz frisch anmutet, so daß man ihr mit reinem Vergnügen folgt. Man lese nur, wie er in dem Kapitel „Unter den Weißgerbern" die Eindrücke seiner Kindheit beschreibt, die ihm wie Traumbilder in das Gedächtnis kommen, und er darüber mit den Worten reflektiert: „Es ist ja auch wie im Traum, daß das menschliche Gehirn Dinge, Gestalten und Vorgänge, die längst nicht mehr gegenwärtig sind, so aufzubewahren vermag, als ob man nach ihnen mit Händen greifen könnte, indessen sie noch mit Farben der Phantasie auf das zartgespannte Gewebe der Erinnerungen hingetäuscht sind."

Mit den „Farben der Phantasie" etwas »hinzutäuschen«, bedeutet für Anton Wildgans mehr als nur eine geglückte Metapher, nämlich eine sehr treffende Charakterisierung des eigenen Schreibstils. Was er in Prosa schreibt und darstellt, gleicht in oft verblüffender Weise der Miniaturenmalerei des Mittelalters, so wie man sie von den Kalenderblättern, etwa des Codex Chantilly der Brüder von Limburg und ähnlichen Quellen her, kennt, übrigens auch was die Wahl der Themen und Ausdrucksformen angeht. Die „Blätter aus dem Notizbuch" von 1925 beispielsweise, auf denen er seine „Mönichkirchener Wanderungen" festgehalten hat, sind nichts anderes als solche Miniaturen, eingefangen in unscheinbarste Sätze, die gleichwohl das von ihm Gesehene auch vor dem geistigen Auge des Betrachters erstehen lassen: „Rinder, Schafe, Ziegen auf den Weiden. Geläute allenthalben. Auf dem Felde werden die Kartoffeln ausgegraben. Nach dem Winterkorn, das Mitte August, nach dem Sommerkorn, das Anfang September geschnitten worden, sind die meisten Felder bereits umgeackert und harren der neuen Wintersaat. [...] Im Walde nur die Schreie der Nußhäher, auf freiem Felde die Krähen. [...] Krautfeuer brennen auf vielen Feldern, der Wind treibt und zerstreut die graublauweißen Rauchfahnen. [...] Aus dem Wald bringen Ochsengespanne hohe Ladungen von Reisigstreu. [...] Der Pflüger am Straßenrand lenkt mühsam das Ochsengespann längs der Furche." So wie hier in schlichter und dabei doch äußerst genauer Weise das Volksleben im Ablauf des Jahres wiedergegeben wird – wie übrigens nicht minder auf manchen seiner eigenen Aquarelle und Zeichnungen –, stellt Anton Wildgans auch sonst das Leben der Menschen in der ihn umgebenden Welt (und diese selbst) dar, und zwar so einläßlich, daß daraus eine ganze Volkskunde entsteht, zumal eine solche Wiener Prägung; kein Wunder von daher, daß ein so profunder Kenner wie der Wiener Volkskundler Leopold Schmidt „die berühmten Kindheitserinnerungen von Anton Wildgans", wie er sie nennt, gelegentlich zur Beurteilung anderer Werke heranzog.

Wildgans sieht mit scharfem Blick auf das Leben und Treiben der Leute, auf die von ihnen geübten, aber, weil als selbstverständlich empfunden, nur selten genau beschriebenen Bräuche. So erfährt man, wie die Bewohner der Radetzkystraße anläßlich der Auferstehungsprozession der Weißgerber am Karsamstag 1885 als „ein ganz neues, noch nie gesehenes Schauspiel" in alle Fenster, „bis in die obersten Stockwerke hinauf", unzählige brennende Kerzen stellten, während unten ein langer Zug lichtertragender Männer in weißen Hemden vorüberzog. Als dieser

Brauch, Kerzen in die Fenster zu stellen, zu Weihnachten 1952 in Berlin durch Ernst Reuter als etwas ganz Neues propagiert und eingesetzt wurde, stützte man sich damit unbemerkt auf eine ältere, nur eben selten dokumentierte Tradition religiösen Brauches. Bei anderer Gelegenheit äußert sich Wildgans ganz ähnlich (und nicht ohne Humor) über die sonstigen „Geistlichen Feste und weltlichen Gebräuche" in Wien, wobei er es nicht damit bewenden läßt, die überkommenen Brauchformen nach Inhalt und Aufgabe zu beschreiben, sondern deutlich auch die Widersprüche glossiert, die sich in der Praxis schon zu seiner Zeit zwischen Anspruch und Realität auftaten: daß man zu Weihnachten die Armut und Niedrigkeit des Erlösers predige, zugleich aber „ganze Basare von lauter höchst kostspieligen und unbescheidenen Sachen" aufstapele; daß der Gang zur Christmette eine regelrechte „Hetz" geworden sei, bei der nur noch die Taschendiebe auf ihre Kosten kämen; daß man in der Fastenzeit, am Heiligen Abend ebenso wie am Karfreitag, mit gebackenen Karpfen (in der „rituellen Zusammenstellung mit Erdäpfelsalat") einer „bei weitem sündhafteren Gaumenlust" fröne, als sie durch den sonst üblichen Rindfleischverzehr gegeben sei; oder daß man nur deshalb zum „Faßlrutschen" am Leopoldstag nach Klosterneuburg hinausfahre, um das Vergnügen zu haben, „den Damen bis über die Knie hinauf zu sehen". Aber er schildert auch mit innerer Anteilnahme das „grandiose Schauspiel" der Wiener Fronleichnamsprozession, die vom Stephansdom über den Stock-im-Eisen-Platz in die Kärntner-Straße und dann über Augustinerstraße, Michaelerplatz, Kohlmarkt und Graben zurückführte, und die noch zu seiner Kinderzeit eine solche Ausdehnung besaß, daß, „wenn die Letzten der Prozession den Dom eben verlassen hatten, sich deren Spitze ihm bereits wieder näherte."

Wie schon diese Hinweise erkennen lassen (und manch andere Schilderung, wie jene etwa der so vergnüglich zu lesenden „Übelbacher" Fronleichnamsprozession in seinem epischen Gedicht „Kirbisch" bestätigen könnte), besaßen die religiösen Überlieferungen für Anton Wildgans eine besondere Bedeutung. Selbst wenn sich gelegentlich, wie in seinem Wien-Buch gerade am Ende des Kapitels über „Geistliche Feste und weltliche Gebräuche«, skeptische Töne bemerkbar machen, beispielsweise in dem Satz, daß „vielleicht alles, was in der Welt zu Zeiten als erhaben und mächtig gegolten hat, eines schönen Tages in die Operette" abgleite, ist doch an seiner eigenen christlich-religiösen Grundhaltung kein Zweifel erlaubt. Er hat sie auch selbst (in seinem „Curriculum vitae" von 1913) als „mystische Gottesverehrung", die ihn vor allem das Leiden habe genießen lassen, ausdrücklich hervorgehoben. Besonders die Bibel, aus der er gern und oft zitiert, und die biblischen Gestalten hatten es ihm angetan. Lilly Wildgans berichtet in ihrem Erinnerungsbuch, wie er ihr bereits kurz nach ihrer ersten Begegnung gewissermaßen die „Gretchenfrage" gestellt habe, welches „das großartigste Buch der Welt" sei, und wie er ihr dann auseinandersetzte, daß in der Bibel ein Dokument der Menschheit vorliege, wie es „in gleicher Monumentalität und in ähnlicher, hinter den Worten verborgener Weisheit" kein anderes gebe. In der Tat bleibt das „Buch der Bücher" für ihn und sein ganzes schriftstellerisches Werk auch in der Folgezeit bestimmend. Man sieht das beispielsweise schon an dem ersten Werk seiner als Trilogie gedachten Dramenfolge Kain – Moses – Christus, dem mythischen Gedicht „Kain", zum ersten Mal 1921 in Rostock, 1922 in Wien aufgeführt, bei dem Gestalten und Szenarium teils unmittelbar, teils mittelbar, d. h. über die „Sagen der Juden" von Micha Josef bin Gorion, der Bibel entnommen sind. Das „klassisch" gebaute, in fünf Szenen unterteilte Stück zeigt die einseitigen Sympathien der Eltern Adam und Eva für ihren Sohn Abel, der dem Neid seines Bruders Kain zum Opfer fällt. Am Ende läßt Wildgans den letzteren sprechen: „Und immer wieder / Wird Kain / Den Abel erschlagen!", und Eva antwortet: „Dann wehe der Erde, weh!". Die skeptische, aus den Erfahrungen des Ersten Weltkrieges gespeiste Überzeugung, daß die Menschheit erlittenes Unrecht zu ihrem eigenen Nachteil immer wieder rächen werde – das Stück wurde 1916 konzipiert und 1919/20 fertiggestellt –, sollte Tradition bilden. Noch Carl Amery läßt in seinem Zukunftsroman „Der Untergang der Stadt Passau" (München 1975) die Überlebenden des atomaren Desasters wieder damit beginnen, daß ein Bruder den anderen aus Rache erschlägt. Kain, Moses oder Christus waren für Wildgans, wie er einmal Emil Reich gegenüber äußerte, „zeitlose Gestalten", an denen sich für ihn Grundprobleme des Menschseins festmachen ließen. Die Neuartigkeit eines Kunstwerkes, erklärte er ein andermal, bestehe für ihn darin, daß ein neuer Mensch die ewigen Dinge neuartig beobachte. Und diese „ewigen Dinge", die er in diesem Zusammenhang nicht näher erläuterte, waren für ihn wohl die alten, elementaren, um nicht zu sagen: anthropologischen Grunderfahrungen, wie Geburt und Tod, Liebe und Haß, Schuld und Sühne (oder, in seiner eigenen Sprache: des von der Gesellschaft Duldbaren und des Nichtduldbaren), auch Wahrheit und Lüge, Tag und Nacht, also diejenigen Erfahrungen, um die sich letztlich alle Art gedanklicher Bewältigung des Lebens dreht, aber auch jene von den verschiedensten Verlusterfahrungen seit der Aufklärung abgeleiteten und insofern eher zeitbedingten Werte, wie Heimat- und Naturliebe, Patriotismus, dazu eine in klassischer Bildung wurzelnde, ihr entwachsene Humanität, die ihn soziale Ungerechtigkeiten ebenso empfinden wie anprangern hieß. Das geschah beispielsweise in der noch immer lesenswerten „Beichte eines Mitleidigen" von 1912, in der er sich die Frage vorlegte, wie es denn möglich sei, daß die Reichen in ihrem Wohlstand so behaglich dahinlebten, während sie doch gleichzeitig sähen, daß andere in ihrer unmittelbaren Nähe bittere Armut litten; wie die einen ungenutzte Zimmer heizten, während die anderen in Winternächten umherirrten, obdachlos blieben und nicht einmal in den Nachtasylen Einlaß fänden.

Zu diesen Grundproblemen, die Wildgans intellektuell beschäftigten und die nicht nur in Briefen und Gesprächen Widerhall fanden, sondern von ihm auch in allen literarischen Gattungen, mit denen er sich beschäftigte, aufgegriffen wurden, kamen seine sehr persönlichen sinnlichen Neigungen, die sich zwei großen, nur scheinbar weit voneinander entfernten Bereichen zuordnen lassen: den Frauen und der Musik. Um mit der Musik zu beginnen, bedeutete es sicherlich keine zufällige Wahl, daß er das bedeutende Prosawerk über seine Jugendzeit in Wien mit dem Titel „Musik der Kindheit" versah. Nicht daß es ihm darum zu tun gewesen wäre, diese Kindheit aus der Rückschau als von eitel Harmonie getragen zu beschreiben. Anton Wildgans war selber ein viel zu guter Musiker, um nicht zu wissen, daß sich die Harmonie der klassischen und romantischen Epoche, mit der er sich als Geiger in der Hauptsache beschäftigt, aus der unendlichen Auseinandersetzung mit den Disharmonien ergab, aus dem Wechsel von Anspannungen und Lösungen, von Trugschlüssen und rechten Kadenzen. Diese Musik war wie das Leben selbst, ein buntes, dabei in sich geordnetes, dahinströmendes Sein, voller Konflikte und Versöhnungen, ebenso getragen von Unruhe wie von Ruhe, von stiller Einsamkeit wie von dem lauten, lärmenden Getöse des Frohsinns. So lag es nahe, dieses Leben mit dem tönenden Geflecht der Stimmen von Menschen und Instrumenten zu vergleichen und in ihm gespiegelt zu sehen. Die von Anton Wildgans verwendete Dichtersprache ist voll von Metaphern aus der Welt der Musik. So wenn er einmal von der „Urmelodie der Heimat" spricht und vom „singenden Blut der Väter"; wenn er bei anderer Gelegenheit einen Tänzer beschreibt, der die anderen „wie ein genialer Dirigent [...] das wirbelnde Orchester der Paare" überblickte; oder wenn er einmal die dahingehende Zeit einem zerbrochenen Musikinstrument vergleicht: „Denn Stunden gibt es, die wie Geigen sind, / Die nimmer klingen, wenn sie einmal brachen", womit er, nebenbei bemerkt, eine sehr traditionsreiche Vorstellung aufgriff, hatte doch schon der Jesuit Jacob Balde im Bilde der „Cithara fracta", der zerbrochenen Laute, sein eigenes weltliches Lebens dahingehen sehen. Auch Gedichtüberschriften wie „Akkord" „Adagio für Cello", „Notturno", „Lied der Straßen" u. ä. legen für die Verbundenheit seiner Dichtung zur Musik Zeugnis ab. Überhaupt nimmt in den (überwiegend autobiographisch gefärbten) Erzählungen des Anton Wildgans die Musik einen ganz hervorragenden Platz ein. Was ihm etwa in der Erinnerung an den Wiener Prater noch nach Jahrzehnten besonders wichtig erschien, war „ein alter Straßensänger im Kostüm der Vergangenheit", der unter Harfenbegleitung „mit einer gedämpften, urwienerischen Stimme uralte Lieder" vortrug, „die den Knaben erheiterten und merkwürdig ergriffen." Ein Kaffeehaus, aus dem die Klänge einer Zigeunerkapelle ertönten, lockt ihn zum Eintritt. In Port Said fällt ihm eine italienische Truppe auf, die „Santa Lucia" singt: „Mandolinen zirpen das Glühwürmchen und geben dann einem süßen Wiener Walzer den Rest"; Trommel- und Tschinellengetöse dringt die Straße herauf und übertönt „einen Chor schriller Knabenstimmen". Im „Kirbisch" schildert er mit spürbarem Behagen die Bürgerkapelle, die dort der Fronleichnamsprozession voranschreitet:

> [...] Als Tambourmajor an der Spitze:
> Meister Oremus, der Schmied, ein Herkules, der statt der Keule
> Stramm den bedroddelten Stab mit grimmigem Ernste im Takt schwingt.
> Ihm sofort auf dem Fuße folgen die Bläser des Holzes.
> Krampfhaft preßte allhier Herr Hitzgern, der Maurer, die Lippen
> Rings um das triefende Mundstück der keifenden C-Klarinette
> Während Hiebaum, der Schreiner, das zwitschernde Pikkolo falsch blies.
> Ja, er *war* ein Mephisto! Denn seine Figuren und Triller
> Hätten ein Engelorchester zu höllischem Lachen gekitzelt,

Wäre das Blech nicht gewesen, das schmetternd, heulend und dröhnend
Alles Gequieck überbot. Hier blähten im Schweiße die Backen
Johann Baptist Populorum und Crisper, der Bote des Postamts,
Während Schwinzerl, der Schinder, Nachtwächter und Totenbestatter,
Mit kopromanischer Wollust dem Messinggedärm des verstopften
Riesigen Baßbombardons die verwegensten Töne entlockte.
Aber sie alle hielt mit den eisernen Fäusten des Schlächters
Fürbaß Romanus im Taktzaum, der lendengewaltige Selcher
Mächtig karbatscht er das Fell und züchtigt dazu die Tschinellen,
Aber Vitus vor ihm, ein andrer Christophorus, schleppte,
Ähnlich wie jener das Christkind, die Trommel getreu auf dem Rücken,
Eher gewillt zu vergehen als diese fahren zu lassen!
Dieses war die Musik!

Immer wieder zog ihn die Musik in ihren Bann, etwa in der erzählten Miniatur „Frühlingssonate" (zuerst gedruckt in der Wiener „Arbeiter-Zeitung" vom 5. November 1905), die so ganz aus dem eigenen Erleben des Geigers erwachsen und als Hommage à Beethoven gedacht gewesen erscheint; oder in der „kleinen Novelle" um Franz Schuberts „Ave Maria" von 1911, in der ihr Held, der Gymnasiast Viktor Semmel, nicht undramatisch einen vergnüglichen Tanzabend durch sein Geigenspiel als hohl entlarvt. In ihren Lebenserinnerungen betont Lilly Wildgans, welch ausgezeichneter Geiger ihr Mann gewesen sei: Er habe „über einen besonders schönen Ton" verfügt und „auf seinem Instrument wie ein Zigeuner jede Stimmung – Leid, Freude, Sorge, Übermut – zum Ausdruck bringen" können. Auch der reproduzierenden Seite der Musik sei er mit ganzer Seele hingegeben gewesen; Bach, Brahms, Reger habe sie kaum je eindrucksvoller wiedergegeben gehört als durch ihn, und sie selbst habe mit ihm gemeinsam Sonaten von Schumann, Grieg und Rubinstein gespielt. Welch großen Stellenwert die Musik in seinem Leben besaß, erkennt man auch daran, daß es in seiner Studienzeit zu den ungeschriebenen Gesetzen des von ihm zusammen mit einigen Freunden gegründeten „Bundes der Gewaltigen" gehörte, ein Musikinstrument zu beherrschen. Daß beide Elternteile ihre musikalische Begabung an den Sohn Friedrich Wildgans weitergaben, der sich später ebenfalls als Geiger, Pianist und vor allem Klarinettist, aber auch als bedeutender Komponist, hervortat, sei nur am Rande erwähnt, ebenso nur gestreift, wie so manche seiner Gedichte von bedeutenden Komponisten, wie Richard Strauß oder dem Münchener Operndirektor Clemens Freiherr von und zu Franckenstein, vertont wurden.

Was die Rolle der Frauen in seinem Leben wie in seinem Werk betrifft, könnte und müßte man – um wenigstens annähernd vollständig zu sein – diesem Thema ein ganzes Buch widmen. Anton Wildgans war vielleicht nur ehrlicher als viele andere Männer, wenn er die zentrale Bedeutung des Weiblichen für sein Denken und Schaffen klar herausstellte und mehr oder minder deutlich kundtat, daß die Auseinandersetzung mit dem Phänomen „Frau" (in seiner Diktion: dem Phänomen Weib) sein Dichten entscheidend bestimmte. Er war nur wenig über zwanzig Jahre alt, als er in seinem kleinen Prosatext „Ich heiße Rabanser", einer frühen autobiographischen Skizze, notierte: „Als ich noch ein Knabe war, klagte ich über Einsamkeit, aber was ich damit meinte, war das Fehlen eines Weibes. Heute weiß ich das. Seitdem ich manche Weiber kennengelernt habe, klage ich nicht mehr über Einsamkeit." Und, wenig später: „Mit vierzehn Jahren machte ich zum erstenmal aus mir heraus ein Gedicht an ein Mädchen von gleichem Alter. Dann, als ich es ihr vorgelesen hatte, küßte ich sie. Es war der erste Kuß meines Lebens, vielleicht auch der letzte." Die Skepsis dieser letzten Bemerkung erwies sich allerdings als unbegründet. Denn diesem ersten Mädchen, das Hilde hieß, eine Ungarin war und nur gebrochen deutsch sprach, und dieser ersten Zuneigung folgten bald andere Erfahrungen: die siebenjährige Liebe zu Anny, die schwärmerische Hingezogenheit zu einer anderen Hilde (einer jungen Adligen), das „reine Idyll" mit Adele, die Leidenschaft zu „Ead", dem „Weib, das die Liebe nur als Mittel zur eigenen Lust kannte", und – nach so manchem weiteren Umsehen unter den Frauen seiner Umgebung – die Begegnung mit der endlichen Gefährtin seines Lebens, Lilly, die auch die treueste Behüterin seines Werkes und seines Nachlasses werden sollte. Natürlich erging es Anton Wildgans in diesem Bereich nicht viel anders als anderen jungen Männern, die auf ihrer Lebensbahn nach jungen Frauen Ausschau halten und erst mit dieser, dann mit jener ihre Erfahrungen sammeln, gute und schlechte, schöne und häßliche, erfolgreiche und erfolglose. Im Unterschied jedoch zu den meisten Menschen legte er, teils direkt, teils indirekt (in seinen Dichtungen) ziemlich genau Zeugnis ab von seinen Wünschen und Sehnsüchten, seinen oft fast zerstörerischen Hoffnungen und seinen nicht wenigen Enttäuschungen. Dabei läßt sich kaum verkennen, daß er ein ziemlich konservatives Frauenbild in sich trug, wenn er etwa meinte, daß die Frau „in aller Regel der Natur näher" stehe als der Mann, daß der Mann sich an die Frauen verlieren könne, usw. Immerhin: Wenn Herbert Rosendorfer mit seinem eher pessimistischen Roman „Die Goldenen Heiligen oder: Columbus entdeckt Europa" von 1992 recht behalten sollte und eines unfernen Tages zwischen 1992 und 1999 die „Nicht-genug-zu-Verehrenden" auf unsere Erde kämen, noch nie etwas von der Existenz von Frauen gehört und erst recht noch keine Erfahrungen mit dem weiblichen Teil der Menschheit gemacht hätten, – aus den Büchern von Anton Wildgans könnten sie sich mancherlei Wissenswertes über die Spezies „Frau" der Gattung „Homo sapiens" ableiten. Schon die Bruchstücke des nie vollendeten, weil nicht vollendbaren „Buches der Liebe" bieten dafür Beispiele, etwa hinsichtlich der Köpfe von Frauen, wie man sie in Wagen der Straßenbahnen an sich vorbeifahren sieht: „Frauenköpfe! Da sind die blonden mit dem goldigen Nackenflaum, die braunen mit den schweren, keuschen Flechten, die metallschwarzen, die rotgoldenen. Und wie sie frisiert sind! Die einen anspruchsvoll nach der neuesten Mode – wenn du ein Kenner bist, wird dich das am wenigsten verlocken –, die anderen aber bescheiden in ihrer reichen Fülle, schlicht mädchenhaft – da kannst du immer auf Geschmack und lieben Gesichtsausdruck schließen. Alle diese Köpfe siehst du nur von rückwärts, deine Phantasie ist angeregt, leidenschaftlich, überschwenglich. Du malst dir zu jedem Kopf die Augen, den Teint, das Oval des Gesichtes aus. Du siehst tausend Möglichkeiten an dir vorüberfluten! [...] Und dann tritt meistens etwas Teuflisches ein – du siehst dein Idol von vorne und hast deine Enttäuschung. Das ist ein Gesetz, lieber Freund [...]"

Aber es sind nicht nur die Köpfe, die unseren Dichter an den Frauen faszinieren, nicht nur die „aufregenden Haare" oder das sonst noch wiederholt begegnende „Frauenhaar", das „Goldhaar", sondern auch die Hände, die „Weibeshände", daneben auch die Füße. Wir wissen nicht, ob Anton Wildgans Aigremonts seiner Zeit vielbeachtete Schrift über die Fuß- und Schuhsymbolik gekannt hat, die 1909 in Leipzig erschienen war, übrigens mit einem Geleitwort des bedeutenden Wiener Sexualforschers und Folkloristen Friedrich S. Krauss versehen, aber wenn man bei ihm liest, daß man an den Füßen „die Kultur und Rasse, ja die Psyche eines Weibes" erkenne und daß man deshalb „auf hübsche Füße einen besonderen Wert" legen müsse, möchte man annehmen, daß er mit den Forschungsergebnissen der einschlägigen Wiener Schule gut vertraut war. Auch eines seiner besten Gedichte („Die armen Mädchen") spielt auf diesen Gedanken an, wenn es da heißt:

Manche freilich, die haben Füße,
So ohne Makel und unversehrt,
Als wär ihrer Brüste, die längst verheert,
Verhaltenes Blühen und junge Süße
In diese armen, verachteten Füße
Ganz leise gesunken und eingekehrt.

Zwischen den verschiedenen Erscheinungsformen „des Weibes" weiß Anton Wildgans genau zu unterscheiden: Da gibt es (mit mancherlei Bedeutungsnuancen) das blonde Kind, das junge Weib, die Geliebte, die Liebende, das Dornröschen, das Vorstadtmädchen, das Pfründnerweib, die Dirne, die Hure, die Prostituierte, die Verlassene, die Dame, die Freundin, die Braut, die Ehefrau, die Gattin, die junge Mutter, die alte Frau, die Witwe, die Tochter, die Schwägerin, ja da finden sich so zahlreiche einläßliche Bemerkungen über die verschiedenen Frauentypen, daß man es bedauern muß, den in der Disposition zum „Buch der Liebe" angekündigten Abschnitt über „Das Weib" von ihm ebensowenig erhalten zu haben, wie das Kapitel „Von den Frauen" in einer 1918 geplanten Reihe von Dialogen. Was ihn allerdings, zumal in seiner Lyrik, immer wieder beschäftigt, sind die mannigfachen Arten geschlechtlichen Verhaltens, vor allem der Akt der Zeugung und der Empfängnis, der bei ihm – beispielsweise in dem Gedicht „Empfängnis" – alle gefühlvoll-romantischen Umschreibungen der Liebe hinter sich läßt, um geradezu lustvoll-expressionistisch die kosmische Eingebundenheit des Menschen in das Werden und Vergehen der Natur hervorzuheben:

Und wie er spähend gegen Mittag sah,
Erhob sich aus dem Korn, das goldgesponnen,
Ein junges Weib und blickte tief versonnen
Zum Himmel auf, der satt war, schwer und nah.

Dann schüttelt sie aus ährenblondem Haar
Geknickte Halme, die sich drin verfangen,
Und beut der Sonne ihre braunen Wangen,
Der steilen Brüste traubenschwellend Paar.
Da fühlt er, wie sein Blick sich rot umqualmt,
Und reckt sich auf und bleckt die blanke Kraft
Seines Gebisses, das den Schrei zermalmt,
Den brünstigen nach ihrer Jungfernschaft.
Und naht ihr jäh und hält die herbe Pracht
Mit hartem Griff an seine Brust gedrängt,
Und wie sein Knie sich zwischen ihre zwängt,
Da beißt sie ihn, so daß er gurgelnd lacht.
Und keucht und lacht in kurzen, rauhen Schlägen...
Ein dunkles Wölkchen, plötzlich riesengroß,
Wächst, schwillt blitzzuckend in der Erde Schoß
Und löst sich auf in stummen, heißen Segen.

Nicht alles erscheint nach den politischen Erfahrungen der Folgezeit noch ohne weiteres verträglich. Denn zwar nicht völkisch-ideologisch, wohl aber von Sprache und Vorstellung her, sind hier, zumal in dem mythischen Bild von der Befruchtung als einer Saat der Erde, „Blut und Boden" eine ganz natürliche Verbindung eingegangen. Man wird auch nicht übersehen können, daß das zitierte Gedicht sprachliche Schwächen aufweist; denn man kann – um nur dieses Beispiel zu nennen – schlechterdings nicht „fühlen", wie sich ein Blick „rot umqualmt", und der Doppelbezug eines Plurals auf einen gleichlautenden Singular in der Verszeile „Und wie sein Knie sich zwischen ihre (nämlich: Knie) zwängt", erscheint auch nicht gerade als eine überzeugende Lösung. Aber inhaltlich ist gerade dieses Gedicht für die poetische Interessenlage des Anton Wildgans bezeichnend. Begriffe wie „Brunst", „Lust", „Trieb", „Begierde", „Lüsternheit", „Erfüllung", der „wilde Liebeslaut", die „lustbereiten Glieder", die „biegsamen Leiber", der „freudlose Schoß" und ähnliche Benennungen dessen, was in das Umfeld, um nicht zu sagen: in die Praxis der „Liebe" fällt, durchziehen auch sein sonstiges Werk und geben ihm Kontur.

Literarhistorisch gesehen, steht Anton Wildgans zwischen den verschiedenen Zeitströmungen, deren keiner man ihn völlig passend und ohne Widersprüche zuordnen kann. Mit der Desillusionierung der überkommenen, romantischen Liebesvorstellung, die eines seiner Anliegen besonders in den frühen Jahren darstellt, gehört er zweifellos zur Epoche des Expressionismus. Mit manchen morbiden Elementen, z. B. der Häufung eher düster anmutender Begriffe, wie „Moder", „Nebel", „Nacht", „Fäulnis", „Erde", „Sumpf", „Ekel", „Begier" in dem Gedicht „Kind der Liebe", zeigt er sich noch ganz der Dekadenceliteratur der Jahrhundertwende verbunden. Seine oft fast schwärmerische Hinneigung zur Jugend, zum Frühling und zum Tanz, beispielsweise in den Gedichten „Die Jünglinge im Frühling" (mit dem Eingang „O daß wir jung sind und so viel leiden") oder „Akkord" (in dem es heißt: „Voll Lichtertanz und Huschen war der Raum"), belegt seine Verbundenheit mit dem Jugendstil. Man denke dabei auch an sein Gedicht über den Monat Mai:

In allen Gärten blüht der Mai,
Die Sonne steht in seinem Solde,
Der Himmel, blau und wolkenfrei,
Ist ganz durchwirkt von ihrem Golde.
Die alten Häuser in der Stadt
Lächeln mit blinkenden Fassaden,
Und seine weiße Plache hat
Der allerkleinste Krämerladen.
Und in den Straßen bunter Schwarm
In leichten, lichten Frühlingstrachten,
Die ganze Welt geht Arm in Arm
Und will vor lauter Lust verschmachten.
Die Mädchen tragen frei den Hals
Bis zu den Brüstlein unterm Mieder,
Sogar die Pfützen allenfalls
Spiegeln den blauen Himmel wieder.
Was tatst denn du die lange Frist,
Mensch mit den bleichen Wangen,
Der du verschneit gewesen bist,
Was tatst du denn die lange Frist,
Um diesen Frühling zu empfangen?

Gegenüber solchen Miniaturen, in denen sich seine Hinneigung zu den Frauen, zum Frühling, zur Liebe, zur Großstadt wie in einem Brennspiegel verdichtet, kann sein geradezu enthusiastisches Eintreten für die Heimat, „die geliebte Landschaft", gewisse Rückbezüge auf die Heimatliteratur der vorangegangenen Jahrzehnte nicht verleugnen. Als wirklich neu und modern aber erweist er sich darin, daß er gegenüber dem Heimatland und im krassen Unterschied zur Heimatkunstbewegung eben auch die Schönheiten der Großstadt entdeckte, so in seinen Gedichten „Ich bin ein Kind der Stadt" oder „Abend über der Stadt", auch in seinem schönen Donau-Gedicht „Unter der Stadt" (in dem er zeigt, wie der „heilige Strom" alles Unreine zum Meer hinwegführt), womit er den alten, von der Heimatkunstbewegung auch ideologisch verfochtenen Gegensatz zwischen dem krankmachenden „Moloch" Stadt und der heilenden „Idylle" Land bewußt aufbrach, oder in seinen verschiedenen Äußerungen über das ihn noch sehr beschäftigende, weil noch so neue Automobil. Nimmt man dazu noch sein sozialkritisches Engagement, sein vielfaches, engagiertes Eintreten für die Armen, Entrechteten und Unterdrückten, das ihn in die Nähe von Heinrich Mann, Carl Sternheim oder Bertold Brecht rückt, wird deutlich, daß es nicht angehen kann, seine vielseitige Persönlichkeit in die Kategorien eines bestimmten Stils oder einer bestimmten Epoche hineinzupressen. Anton Wildgans war von seinen Interessen wie von seinen Arbeitsbereichen her ein universeller Charakter, der als Lyriker, Dramatiker und Epiker gleiche Beachtung wie Anerkennung fand, und der auch als Erzähler

Bedeutendes geleistet hat. Möglicherweise lag in dieser Universalität eine gewisse Tragik, weil sie es verhindert hat, daß man sein Werk leicht in die Schublade einer einzigen Gattung legen kann, und man so eher an andere Figuren als an ihn denkt, wenn es gilt, bestimmte Zeiterscheinungen an einer Einzelpersönlichkeit festzumachen. Vielleicht wird man Anton Wildgans am ehesten gerecht, wenn man ihn als Schriftsteller einer Zwischenzeit ansieht, der Zeit eines politischen, gesellschaftlichen und wirtschaftlichen Umbruches von erheblichem Ausmaß, in der es darum ging, Grundwerte hochzuhalten und sie gegenüber allen nur denkbaren Nivellierungen zu bewahren. Das Zeitalter der Industrialisierung und die Epoche des Nationalismus lagen schon hinter ihm, als er zu schreiben begann; die Erfahrungen einer getrübten Kindheit, die Berührungen mit gescheiterten Existenzen während seiner Berufsjahre und das Erlebnis des Ersten Weltkrieges wirkten auf sein Denken und Dichten bestimmend ein. Aber am entscheidendsten für ihn selbst wie für sein Wirken blieb wohl die Auseinandersetzung mit dem Menschsein schlechthin, mit jenen anthropologischen Grundbefindlichkeiten des Seins und des Nichtseins, des Geborenwerdens und des Sterbenmüssens, die er für sich und andere gedanklich zu bewältigen und begrifflich zu fassen suchte und denen er in Lyrik und Prosa Gestalt verlieh. In dieser Auseinandersetzung wird man ihm auch heute und in Zukunft gerne folgen.

I

DER MENSCH UND DICHTER ANTON WILDGANS

Die biographischen Daten sagen an sich zunächst wenig über einen Menschen aus, es sei denn, daß schon die Beachtung der Zeit, in der er lebte, gewisse Bestimmungskoordinaten ermöglicht. Kein Mensch bleibt davon unberührt, was um ihn herum geschieht, welche gesellschaftlichen Vorgänge ablaufen, welche Ideen und „Modernitäten" eben gefragt sind, ob und wie er sich den Zeitströmungen unterwirft oder widersetzt.

Anton Wildgans, einer der prominentesten österreichischen Dichter der Zeit zwischen 1910 und 1932, wurde 1881 in Wien geboren. Nach dem Besuch des Piaristengymnasiums absolvierte er das Jurastudium an der Universität Wien und war ein Jahr im Gerichtsdienst tätig. Von 1912 an bestritt er seinen Lebensunterhalt aus der Dichtung. Bereits 1903 war er durch seine Lyrik bekannt geworden, von 1913 an wandte er sich intensiv dem dramatischen Schaffen zu.

Von Wildgans sagte man, daß er dichterisch auszusprechen vermocht habe, was damals die Menschen bewegte. Viele Zeitgenossen verehrten ihn vielleicht gerade deshalb, seine Dichtungen fanden hohen Anklang, er war im guten Sinn „ein Dichter seiner Zeit". Allerdings machten ihm einige andere, damals weniger erfolgreiche literarische Zeitgenossen, die später zu Ansehen gelangten, diese Wirkung auf die zeitgenössische Generation zum Vorwurf. Vor allem Karl Kraus und Robert Musil gehörten dazu.

Wildgans kennenzulernen und zu verstehen bedeutet zugleich, Wesentliches über seine Zeit zu erfahren. Es ist die Zeit vor, während und nach dem ersten Weltkrieg, die Zeit der zerfallenden Habsburgermonarchie, des Entstehens der neuen, von vielen damals für lebensunfähig gehaltenen Republik Österreich und deren von inneren Gegensätzen erschütterter Problematik. Es ist die Zeit tiefgreifender kultureller, ideeller, weltanschaulicher, politischer, gesellschaftlicher Spannungen und Umbrüche, die sich naturgemäß auch im literarischen Umfeld auswirkten. Die dominanten Stilrichtungen der Epoche werden als Naturalismus, Impressionismus und Expressionismus charakterisiert. Verschiedene Elemente dieser damaligen „Moderne" finden sich natürlich auch bei Wildgans. Die soziale Problematik betraf vor allem zwei Gruppen: Die Industriearbeiterschaft, die um ihre Rechte kämpfte, und die bürgerliche Schicht, die in ihren Lebens- und Wertvorstellungen einer tiefgehenden Erschütterung ausgesetzt war. Dazu kamen die wirtschaftlichen Verhältnisse, die mit den Begriffen Inflation (nach dem 1. Weltkrieg) und Weltwirtschaftskrise (nach 1929) verdeutlicht werden können.

Vor diesem Hintergrund ist die individuelle Wesenheit des Menschen Anton Wildgans zu sehen, mit seinem persönlich durchaus nicht leichten Lebensschicksal (früher Verlust der Mutter), seinen belasteten Jugendjahren (lebensgefährliche Erkrankung und deren Folgen), seiner inneren Widersprüchlichkeit, seiner hohen Geistigkeit, seiner Vitalität, seinem extremen Gerechtigkeitsempfinden, verbunden mit höchst reizbarer Sensibilität, seiner unökonomischen Denkweise, seinem ihm selbst nicht immer bewußten Kompensationsbedürfnis hinsichtlich seiner Gehemmtheit und inneren Unsicherheit, seiner Verachtung politischer Engstirnigkeit, verbunden mit Ablehnung jeder Parteizugehörigkeit, und seiner Geringschätzung des Alltagsgeschehens. Dazu kommt seine „Idealität", treffender als

Idealismus zu bezeichnen, worin bereits ein Scheitern vieler seiner Zielsetzungen programmiert erscheint. Den Realitäten des Alltags war er nicht immer gewachsen.

Wildgans liebte in besonderer Weise sein Volk und Vaterland, „seine Heimat" und die Natur. Er war ein bewußter Österreicher. Er stammte aus Wien – durch diese Stadt wurde er geformt und in seiner Wesensart geprägt. So schrieb er auch in dem bekannten Gedicht: „Ich bin ein Kind der Stadt."

Trotz großer literarischer Erfolge – beispielsweise erreichte der Gedichtband „Und hättet der Liebe nicht" im Jahr 1922 die 30. Auflage – waren die wirtschaftlichen Umstände, unter denen Anton Wildgans leben mußte, zeitweise recht prekär. Wildgans gehörte zu den meistgelesenen Lyrikern seiner Zeit. Seine formbewußten Gedichte, wie etwa die „Sonette an Ead", die zu den meistgelesenen Gedichten der damaligen Zeit gehörten, bewegten sich weitgehend im Stimmungsklang des Impressionismus.

Es ist heute nicht nachvollziehbar, welches Aufsehen seine Dramen hervorriefen. Das heute noch öfter gespielte Gerichtssaalsdrama „In Ewigkeit Amen", die Dramen „Armut", „Liebe", „Dies irae" wurden Erfolgsstücke, vor allem am Volkstheater in Wien, aber auch am Burgtheater und auf den meisten deutschen Bühnen. Die Verleihung des Volkstheaterpreises, des Bauernfeldpreises, des Grillparzerpreises weisen auf die Bedeutung hin. Die Wildgans-Dramen erhalten ihre Problematik aus den sozialen Anschauungen der ersten Jahrzehnte des 20. Jahrhunderts. Zwar sind sie heute in einem gewissen Sinn nicht mehr „zeitgemäß", weil sich der „bürgerliche Mensch" dieser Epoche überlebt hat und an öffentlichem Interesse verlor. Aber immer noch „zeitlos" sind die bei Wildgans mit tiefem Ernst angeschnittenen Fragen der allgemein menschlichen Existenz, die Beziehungen zum Leben und dessen Sinn, zu ethischen Anforderungen, zu Liebe und Ewigkeit. Wildgans war ein sozialkritischer Denker und Ankläger. Die Tragik der Dramen ist die Tragik der Mitmenschlichkeit, heute wie damals.

Der Plan der Trilogie einer großen Menschheitstragödie, deren Stoffe aus der Bibel stammen und in die Gegenwart transponiert werden sollte, gelangte nur im ersten Teil zur Ausführung, im Drama „Kain".

Im Jänner 1921 wurde Wildgans überraschend das Amt des Burgtheaterdirektors angeboten. Er hatte sich nicht darum beworben. Nach ernsthaften, selbstkritischen Überlegungen nahm er es an, nicht zuletzt in der Meinung, daß er in der damaligen Krisensituation dieses Theaters eine innere Verpflichtung habe. In diesem Sinn hatte man das Angebot an ihn auch formuliert. Ob der prominente Dichter auch ein ebenso erfolgreicher Theaterleiter sein würde, vor allem in einem so schwierigen Institut, war schon bei manchen Zeitgenossen eine offene Frage. So gab es neben vielen begeisterten Befürwortern auch kritische Zweifler, wie etwa den Herausgeber der Zeitschrift „Die Fackel", Karl Kraus.

Wildgans hatte bei seiner Berufung keine politischen Gegner, auch das Burgtheaterensemble war für ihn. Aber die Zeitverhältnisse wirkten sich für eine Institution, wie es das Burgtheater ist, bedrückend aus: Die Inflation, die Verarmung des theater- und kulturinteressierten Bürgertums, die ungeklärten Kompetenzverhältnisse. Es war die erste Bestellung eines Theaterdirektors in der Republik. In seinem Kampf gegen die Korruption und in dem von seinem Vorgänger übernommenen Konflikt hinsichtlich der Tätigkeit Max Reinhardts, geriet er bald in Gegensatz zum damaligen Leiter der Bundestheaterverwaltung. Trotz unbestreitbarer Erfolge im künstlerischen Bereich wurde er in der Auseinandersetzung mit der Bürokratie ein Opfer der politischen Verhältnisse und der Gegensätze der damals führenden Parteien. Nach 18 Monaten seiner Tätigkeit resignierte er und reichte seine Demission ein.

In der Folgezeit, einer persönlich zunächst – wegen des Scheiterns seiner Arbeit als Burgtheaterdirektor – eher depressiven Phase, verschärft durch die wirtschaftliche Notsituation, arbeitete er unter anderem an dem großen, in Mönichkirchen vollendeten Epos „Kirbisch", einer Schilderung menschlicher Problematik während des ersten Weltkrieges. Voll schlichter Anmut erscheinen in dem Prosawerk „Musik der Kindheit" seine Erinnerungen an das Wien seiner Kindheit.

Für eine Tournee nach Schweden hatte Wildgans 1929 die „Rede über Österreich" konzipiert. Diese „Rede" hatte eine ganz außerordentliche Wirkung und rückte Wildgans in besonderer Weise in das Licht der Öffentlichkeit, vor allem der politisch bestimmenden Kreise. Er hob darin die Rolle Österreichs in der Weltkultur hervor und wurde dadurch zu einem patriotischen Bekenner des österreichischen Selbstbewußtseins in einer Zeit der Krise und des Zweifels am Bestand des Staates. Nicht zuletzt darauf und auf die ungebrochene Wertschätzung vieler Menschen für den Dichter ist seine zweite Berufung als Burgtheaterdirektor zurückzuführen. Für das Ansehen, das er genoß, ist kennzeichnend, daß er vom dafür zuständigen Gremium mehrmals als österreichischer Kandidat für den Literaturpreis der Nobelstiftung vorgeschlagen wurde.

Wildgans nahm die abermalige Berufung zum Burgtheaterdirektor trotz enormer gesundheitlicher Probleme, des Abratens mancher Freunde und des Wissens um die Schwierigkeiten des Amtes an. Auch dieses Mal dauerte seine Amtsführung nur kurz, vom 1. August 1930 bis zum 1. Jänner 1932. Auch diesmal waren nicht künstlerische Gründe für die Demission maßgeblich, sondern neben den gesundheitlichen Problemen die unerfreuliche bis feindselige Haltung der offiziellen politischen Stellen einem Manne gegenüber, der seine ganze Kraft dem geliebten Burgtheater widmete. Die Betrachtung der damit zusammenhängenden Vorgänge entbehrt nicht menschlicher Tragik.

Viele waren der Meinung, daß der wenige Monate nach dem Rücktritt (in der Nacht vom 2. auf den 3. Mai 1932) erfolgte Tod des mit solchem Idealismus dem Burgtheater verbundenen Mannes, nicht zuletzt durch das Scheitern an den Realitäten ausgelöst worden sei.

Der Generalintendant der Bundestheater sagte beim Begräbnis: „Mit ihm ist wohl einer der größten und repräsentativsten Dichter unseres Landes, insbesondere vielleicht der österreichischeste Dichter dahingegangen." Die euphorische Bewertung hat der Folgezeit allerdings nicht standgehalten.

Gewiß war die Art, in der Wildgans schrieb, seiner Zeit verhaftet: getragen, etwas pathetisch, melodiös, vor allem in seinen formvollendeten Gedichten. Aber entgegen der öfters vertretenen Ansicht, Wildgans sei „nur" ein Dichter seiner Zeit gewesen, kann darauf verwiesen werden, daß für den, der sich der Mühe unterzieht, über das äußere Erscheinungsbild zum Kern der Wildgansanliegen vorzudringen – Dichtung war für ihn höchste Verantwortung –, sich auch heute noch und vielleicht gerade in unserer Zeit Zugänge eröffnen, die der Bewußtseinslage der gegenwärtigen Generation nahekommen. Nicht zuletzt sprechen sie Herz und Gemüt an. Die Problemstellungen der Wildgansdichtungen erweisen sich nach wie vor als aktuell.

Einige seiner Ansichten, vor allem im umfangreichen Briefnachlaß niedergelegt, zeigen, was er vom Zusammenleben der Menschen dachte:

Über aller Macht steht die Gerechtigkeit und über aller Gerechtigkeit die Barmherzigkeit.

Wer schimpft, sagt mehr über sich selbst aus als über den Angegriffenen.

Ich habe zu wissen gelernt, daß man alles Entscheidende mit sich allein ausmachen muß.

Alle Tragik der Menschen untereinander beruht auf ihrer mangelhaften Kenntnis von einander. Das gilt auch von den Völkern.

II

AUSWAHL AUS DEM DICHTERISCHEN SCHAFFEN

Zur Lyrik des Anton Wildgans

Der Vorformer im Gedicht war für mich nicht Rilke, sondern Baudelaire [...]. Er war der Meister, der die Entscheidung in meinem frühen literarischen Leben herbeiführte [...] Dieser allermenschlichste der großen neueren Dichter hat mich in einer Periode der Selbstunsicherheit zu mir selbst, zu meiner eigenen Menschlichkeit, zu meiner spezifischen Modernität und zu meinem eigenen Pathos erweckt.[1]

Die Schönheit eines Gedichtes hängt für mich vor allem mit der Gültigkeit seines Inhaltes zusammen.[2]

Die Lyrik von Anton Wildgans zeigt einen besonderen Hang zur Betrachtung, zur Reflexion, gleichgültig, ob es sich um tatsächliche sogenannte Gedankenlyrik, um Naturbilder oder um Liebesgedichte handelt. Selten ruhen Gedichte in der Naturstimmung wie etwa das frühe „Adagio für Cello". Der Tonfall ist ruhig und variiert wenig. Es gibt keine Entwicklungsstadien im Sinne einer sich von der Jugend zum reiferen Alter hin entwickelnden Persönlichkeit. Schon an den frühesten Gedichten frappiert das Dekorum des reifen, wohl etwas altklugen Menschen- und Weltbeobachters.

Wildgans liebt den gereimten, zu Strophen gebundenen Vers. Er bevorzugt längere Verszeilen, die einen Gedanken rhetorisch-ausgewogen entwickeln lassen – der regelmäßige Wechsel von Hebung und Senkung des Versalakzents ist üblich – und die eine sorgsame Entfaltung des Redeschmucks erlauben. Dies gilt gleichermaßen für die Liebesgedichte wie für die seinerzeit sehr geschätzten sozial engagierten bzw. den Alltag bedenkenden Verse (vgl. etwa Gedichte wie „Dirnen", „Los der Armen", „Dienstboten", „Gerichtsverhandlung", „Vom kleinen Alltag", „Einem jungen Richter zur Beeidigung"). Das Ringen um eine neue Art der Weltsicht und um eine aktuelle lyrische Formung, das der gleichzeitigen Lyrik Rilkes oder Trakls eignet, ist Wildgans fremd. Die ideellen Vorstellungen seiner Gedichte sind einerseits bescheidener, anderseits in ihren engeren Grenzen fester umrissen.

Roman Rocék weist darauf hin: *„Wildgans ging es nicht um einen Leerlauf artifiziellen Spieles. Was keinen Bezug zur Wirklichkeit hatte, war für ihn ebensowenig existent wie ein Leben ohne ethische Normen. Über allem aber stand das Gebot strengster künstlerischer Selbstzucht."* [3]

Die Transposition der Aussageinhalte in kühne, die Tradition übersteigende oder sprengende metrische und stilistische Gestaltungsformen ist für Wildgans nicht notwendig, am allerwenigsten bei Gelegenheitsgedichten (vgl. die Kriegsgedichte); bis hin zum Sonett bleibt die literarische Überlieferung im traditionellen Sinn bewahrt. Einen anderen Tonfall schlagen die „Sonette aus dem Italienischen", die Gedichte von sieben Autoren des 19. und 20. Jahrhunderts vereinigen – unter ihnen ist Lorenzo Stecchetti mit 16 Sonetten am häufigsten vertreten –, an: Hier ist fast alles gegenständlich und bunt, mit metaphorischer Direktheit ins poetische Bild gehoben. Diese – im alten Sinne der Nachdichtung – vollgültige literarische Leistung wurde bis heute noch nicht die angemessene Wertschätzung zuteil.

Herbert Zeman

Aus dem Zyklus VOM KLEINEN ALLTAG *(1911)*

Arbeiter reißen die Straße auf. – Nun läuten
Die Glocken zu Mittag. Da klirrt der erhobne
Arm mit dem Spaten noch einmal nieder. Dann gehn sie
Langsam zu ihren Röcken, die wie ein Haufen von Lumpen
Am Straßenrand liegen, und nehmen aus ihren Taschen,
Gewickelt in alte Zeitungen, ihr Essen. Aufrecht
Stehend nun lehnen die einen ihre verkrümmten Rücken
An eine Mauer im Schatten. Andere liegen,
Die Pfeife rauchend, der Länge nach auf dem Boden.
Andere schlafen. Alle schweigen. Die Sonne
Glüht senkrecht herab. Nur manchmal ein Luftzug treibt einen
Der weggeworfenen Zeitungsfetzen raschelnd
Über das Pflaster. Ein alter zerlumpter Mensch
Kommt da um die Ecke und bückt sich langsam nach jedem
Stückchen Papier, faltet es sorgsam und gibt es
In einen Korb wie etwas Kostbares. –
Immer sind andre noch ärmer.

DIENSTBOTEN *(1911)*

Sie sind immer nur da um zu dienen,
Niemand fragt sie nach ihrem Begehr.
Solang sie gehorchen, ist man zu ihnen
Freundlich so wie zu Fremden – nicht mehr.

Sie wohnen mit uns im selben Quartiere,
Aber für sie muß der schlechteste Raum
Gut genug sein. Für unsere Tiere
Sorgen wir zärtlicher als für ihre
Menschlichen Wünsche – die kennen wir kaum.

Sie sind die Hände, die nie bedankt sind,
wir wechseln sie aus wie den brüchigen Stahl
Einer Radachse. Wenn sie erkrankt sind,
müssen sie aus dem Haus ins Spital.

Manchmal könnte ein Wort der Güte,
Ein Tag im Frühling, um auszuruhn,
in ihrem verdrossenen Gemüte
Eine verschämte schüchterne Blüte
Leise erwecken und Wunder tun.

So aber sind sie gewohnt, die Letzten
Bei allem, was freut und nottut zu sein
Und werden wie alle Zurückgesetzten
Entweder gebrochen oder gemein.

Manche freilich, die haben ohne
Haß dem eigenen Leben entsagt,
Waren Mütter an fremdem Sohne,
Tragen eine heimliche Krone
Wie Maria, die Magd.

Aus: INFANTERIE! *(1915)*
Ein Gedicht, gewidmet dem Volke in Waffen, 1915

Einst aber, wenn sie mit tausend Glocken
Über die Gräben unserer Helden
„Friede den Menschen auf Erden!" frohlocken,
Werden auch wir uns zum Worte melden!
Wollen den Schwur und die Pflicht, die wir taten,
Nicht etwa verleugnen oder verraten,
Soldaten sind wir und bleiben Soldaten!
Nur daß wir die Feinde dann allerorten,
Wo sie die Früchte blutiger Saaten
Uns verkümmern oder vergällen,
Suchen werden, finden und fällen!
Wir, die Pflüge, die Schollenaufwerfer,
Wir, die Fabriken, die Städte, die Dörfer,
Wir brausende Züge, wir stauende Wehre,
Wir, die frachtenden Flüsse und Meere,
Wir, aus Herzen, Gehirnen und Händen,
Wir, aus erdebevölkernden Lenden
Rastlos wirkende Energie!
Wir, die Schwerter der Weltgeschichte,
Wir, die Taten der großen Gedichte,
Wir, die Glorie, wir, die Geschichte,
Wir, die ewige Infanterie!

STIMME ZU GOTT IM KRIEGE *(1915)*

Laß es genug sein, Herr! Muß es noch sein?! –
Doch alle Himmel bleiben stumm wie Stein.

In Millionen Augen lischt das Licht! –
Doch sind darum die Tage dunkler nicht.

In Millionen Herzen friert das Blut! –
Doch ungezählte sind voll Lebensglut.

Verheert sind viele Städte, Flur und Feld! –
Ein bißchen Erde ist noch nicht die Welt.

Ströme von Tränen quellen bitterschwer! –
Ein bißchen Salz ist lang noch nicht das Meer.

Doch dem Gesetz, dem deinen, spricht es Hohn! –
Was weiß denn solch ein Menschenkind davon?

IM ANSCHAUN MEINES KINDES *(1913)*

Du Atmendes, zu deinem Schlaf gebeugt
Steh´ stumm-erschüttert ich, der dich gezeugt.
Beklommen tast´ ich nach der Freundin Hand,
Aus deren Schoß dein Leib sich feindlich wand.
Du Fleisch gewordnes Fieber unsrer Lust,
Wir haben dich gewollt, du hast gemußt.
Nun bist du, eines Schicksals Anbeginn;
Erschauernd grüble ich nach seinem Sinn.

In deiner Züge Unerschlossenheit
Spür´ ich nach Zeichen und nach Ähnlichkeit:
Dies ist von mir, der Freundin jener Zug,
Dies bist schon du, dies noch nicht du genug.
Dies Lächelnde vergleicht Erinnerung
Mit einem Bild der Mutter, als sie jung.

Dies leise Wehe um den kleinen Mund
Ist mir aus meines Vaters Leiden kund.
Dies ist schon Güte, jenes ist noch stumpf,
Dieses schon Wille, dies noch Trieb und dumpf.
Nun zuckst du auf im Schlaf, obwohl kein Ton
Dich schrecken konnte – Liebes, träumst du schon?

(Strophe 1 bis 3)

HELLDUNKLE STUNDE *(1916)*

Manchmal befällt mich´s, daß ich denken muß,
Ich stürbe bald und ließe ungetan
Mein Werk zurück, zu dem ein strenger Plan
Mich rastlos drängt nach höherem Beschluß.

Nur dies, nicht eitel Haschen nach Genuß,
Klammert mich fest an dieses Leben an,
Das, zwischen Nichts und Nichts ein schwanker Kahn,
Rasch übersetzen darf der Dinge Fluß.

Der ist zu sehr bewegtes Element,
Um, was nicht Licht ist, spiegelnd festzuhalten.
Nur was sich flammenhaft vom Fleische trennt

In schmerzlichem und betendem Gestalten,
Vermag als unser Bildnis fortzuwalten:
Was leuchten soll, muß dulden, daß es brennt!

EINEM JUNGEN RICHTER ZUR BEEIDIGUNG *(1911)*

Du bist so jung! War nicht in deiner Hand,
Die vor dem Kreuze du erhobst zum Eid,
Ein Zittern noch gerührter Eitelkeit,
Die zu dir raunte und dich überwand:
O, über Nacht ist Macht
In mich gekommen, viele Macht – !?

Du Kind, den Büchern kaum
Entwachsen, wissend kaum, was Leben
Und Jammer ist, du, wie ein junger Baum
Noch biegsam, Kind du: über allem Traum
Von Macht und Ich ist die Gerechtigkeit
Und das Gesetz, an dessen Purpursaum
Du deine Finger legest heut´ zum Eid.

Vergiß es nicht, du bist ja auch nur Mensch
Un so wie wir, die deines Spruches warten,
Und dieses Leben ist ein wirrer Garten,
In dem das Unkraut wuchert und der Edeltrieb
Sich spärlich fristet. Hab ihn lieb
Und such´ ihn überall! Denn es kann sein,
Daß er in Dornen ist. Und wenn du strafst,
Weil das Gesetz es will, tu´s nicht erbost
Wie eine Rache, sondern so, daß Trost
Noch ist in der Notwendigkeit!

Und glaube jenen nicht, die Zahn um Zahn
Und Aug´ um Auge heischen! Dies ist Wahn
Und rührt aus einer blutig-finstern Zeit!
Du aber diene deiner! Denn sie schreit
Nach ihrem Recht. Ihr Recht ist deine Pflicht.
Drum sei auch nicht
Büttel und Sklave am geschriebnen Wort!
Denn alles, was geschrieben steht, verdorrt,
Wenn es gedankenlos ein stumpfer Knecht
Betreut. Den Gärtner braucht das Recht,
Den selbstlos-weisen, der mit seinem Blut
Den Weinberg düngt. Denn ohne dies
Wird das Gesetz zum Hohn, und die Gerechtigkeit
Ein eitel haschen nach dem Wind!
So gib auch du dein warmes Blut, du Kind,
Und all dein Herz! Denn dieses will dein Eid.

MEINE ALTE GEIGE *(Aus dem Nachlaß)*

Einst, als es mir im Leben schlecht erging
Und alles schon versetzt war: Uhr und Ring,
Die Kette und so manches andre mit,
Entschloß ich mich zum allerschwersten Schritt,
Nahm meine alte Geige aus dem Schrein
Und trug sie fort, ein wenig Geld zu leih´n.
Genau besah, beklopfte sie der Mann
Und sagte endlich: Viel ist nicht daran –
Und fügte bei mit hämischem Gesicht:
Von einem alten Meister ist sie nicht.
Ich würgte Widerspruch und Weh hinab
Und nahm das wenige, das er mir gab.

Manch schweres Jahr seit damals ging dahin,
Doch oft noch kommt mir jenes Wort zu Sinn,
Das mir der alten Geige Ton gekränkt.
Die haben mir die Eltern einst geschenkt.
Der Vater, arbeitsmüd und abgehetzt,
Hat oft zu kargem Mahle sich gesetzt
Und bloß gelächelt, wenn es wenig war.
Die Mutter trug so manches liebe Jahr
Dasselbe immer wieder neue Kleid
Und hoffte bloß auf eine beßre Zeit.
Und haben beide es sich abgespart,
Auf daß dem Kind die teure Geige ward.

Drum, mag sie auch von keinem Meister sein,
Mir trägt sie einen sanften Heiligenschein.
Mir klingt in ihrer Stimme immer mit,
Was Mutter duldete, was Vater litt.
Und weiß erst heut, warum es weh getan,
Als jener meinte: Viel ist nicht daran.

VIELERLEI HAB´ ICH DER GÄSTE *(1920)*

Vielerlei hab´ ich der Gäste in meinem Garten am Hause,
Jeder Abschnitt des Jahrs kennt seinen eignen Besuch.
Kaum daß der Frühling sich kündet, erscheinen als erste die Falter,
Gelb wie Zitronen und weiß gaukeln sie über den Kies.
Später kommen die Bienen in Schwärmen und saugen den süßen
Seim aus den Kelchen des Dufts, den mir die Linde verstreut.
Aber im Herbst, wenn die Welt nach Heu und gefallenem Obst riecht,
Stöbert der Igel des Nachts geisternd durch raschelndes Laub.
Immer sind nur die Vögel: ob Winter, ob Frühling und Sommer . . .

Nicht erst der Spatzen erwähn´ ich, der zwitschernden Meisen und Finken.
Kaum der Amseln und kaum der kreischenden Käuzchen –
Eher schon nenn´ ich den Pirol, den goldenen Pfeifer, und manchmal
Stellt sich zur Zeit des Jasmins flötend die Nachtigall ein.
Ach, meine Beeren beschnäbeln die Racker, die Kirschen und Weichseln,
Während Marille und Nuß grün noch das Eichhorn benagt.
Da überkommt mich bisweilen die Mordlust und, Schrotdunst im Laufe,
Schleich ich mich lauernd heran, nehm´ einen Räuber aufs Korn.
Oh, ich visiere genau und dann – dann sinkt mir die Waffe –
Schwachen Geschöpfes Grazie hat mich entmannt.
Wollt´ ich dich wirklich verlöschen, du rotes, du buschiges Flämmchen,
Welches vom Aste zum Ast dämmernde Wipfel belebt?
Wollt´ ich dich wirklich verstummen, du goldenes Schnäblein des dunklen
Sängers, du traulicher Laut, der mir den Abend versüßt?
Nicht doch, lebet, Geschöpfe – und stopft euch die Kröpfe in Frieden,
Welchen freilich nur ich mit meiner Ernte bezahl´.
Und so halten sie´s auch – vor meinen Augen – und wissen,
Nicht der Mensch ist der Tiere allergefährlichster Feind . . .

ERGEBNIS *(1910)*

Viele Masken habe ich getragen,
Und es waren doch nicht immer Feste.
Vieles schien ich, ohne ganz zu wagen,
Es zu sein, und immer gab es Reste
Und ein Letztes, des ich mich entschlagen.

Und von allen meinen lieben Plänen
Blieb mir nichts als dieses herbe Sehnen:
Eins zu sein mit meinen dunklen Taten.
Aber immer haben die ihr Leben
Abgetrennt von mir und neben
Mir geführt wie kühle Saaten,
Die die Hände, jene mühevollen,
Die sie säten, nicht erkennen wollen.

Aus den SONETTEN AN EAD. *(1912)*

An Dorfes Ende bauen sie ein Haus.
Schon ragt ein fest Gevierte aus dem Grunde
Und wächst und wird mit jeder Zeiger-Runde,
Und kommt der Herbst, träumt blauer Rauch daraus.

Du unbesorgter Eigner dieses Baus,
Sei gut und gib dem fremden Frager Kunde.
Bist du nicht bang vor jener Feierstunde,
da einst man sagt: Nimm hin dein fertig Haus?

Wird dich´s nicht ängsten, daß die Welt so weit
Und dieses Mauerwerk wie ein Gefängnis,
Worin dem Wunsch kein Flügel mehr gedeiht!

Mir, siehe, ist selbst die Unendlichkeit
zu sehr verräumt mit Nähe und Bedrängnis! –
Er lächelt nur wie einer, der verzeiht.

*

Sie WIRD mir einst begegnen – irgendwann –
Wie einem auf verdrossnen Wanderungen
Ein Lied einfällt, das er als Kind gesungen;
Seither sind viele tot, und er ist Mann.

Und ist davon beglückt, daß er´s noch kann;
Denn während er zur Klarheit sich gerungen,
Ist manche Saite in ihm abgesprungen . . .
Sie WIRD mir einst begegnen – irgendwann –

Und wird mich fragen nicht: Woher? – Wohin?
Und wird in mich nicht drängen: Weile, raste!
Einer wie ich ist immer nur zu Gaste –

Und größer wird sie sein durch Demutsinn
Als jene, die wie Krämer Liebe geben:
Nur Zug um Zug und Leben gegen Leben.

*

Sie ist die EINE, die wie ein Magnet
Die Wünsche anzieht, daß sich nichts zerstreue,
Sie ist die Gestrige und immer Neue,
Die Ratende, die ohne Wink versteht.

Sie ist der Rausch, der sich bacchantisch dreht,
nach dem es weder Jammer gibt noch Reue,
Sie ist die Dirnenhafte und die Treue,
die rote Orgie und das Gebet.

Sie ist die Lust, durch die der Geist gesiebt,
Leicht wird und stark, die Gipfel zu erschweben –
Vielleicht nur einer fernen Stimme Beben,

Der Traum von etwas, das es niemals gibt,
doch den geträumt zu haben und geliebt,
Erträglich machen könnte dieses Leben.

*

Ich bin nicht reich, ich habe kaum ein Ding,
Das sonder Grenzen ich mein Eigen nenne:
Nur diese Glut, an der ich fast verbrenne,
die tief in meinem Wesen sich verfing.

Sie war im Knaben schon, der träumend ging,
Sie ist die EINE Freude, die ich kenne.
Oh diese Glut, an der ich fast verbrenne,
um die ich taumle wie ein Schmetterling!

Sie will, daß ich auf reinen Wegen gehe,
Die Seele einem Menschen aufgetan,
Der liebreich wie ein Gärtner mich verstehe,

Mich, dies Gebild aus wildem Lebenswahn
Und Hungrigkeit nach stiller Gottesnähe.
Dies mein Gesicht – o sieh es gütig an!

PANISCHE ELEGIE *(1925)*

Köstlich ist dieser Tag, ein Frühlingstag im September!
Aus der Enge des Tals treibt mich die Sehnsucht empor:
Dorthin, wo über dem Anwuchs der Birken, der Fichten, der Lärchen
Nur noch Wacholder sich buscht, nur noch das Krummholz gedeiht.
Aber nicht Wege wähl´ ich, von allen begangene, sondern
Quer durch den Hochwald und dann schräg über Schläge hinan.
Schon umfängt mich Gewölbe einander durchdringender Wipfel,
Säulen, im Dämmer gereiht, münden in sickerndes Gold.
Kleine Lichtung erscheint nun, bedeckt mit Heidelbeerkräutern,
Von smaragdenem Moos duftet´s nach Pilzen und Tau.
Siehe, da sind sie schon selbst, die zauberhaften Gebilde,
Die eine einzige Nacht rasch aus der Feuchte gebiert:
Rote Schirme auf weißen Strunken, phantastisch gesprenkelt,
Braune, wie Fladen so groß, kleine, wie Dotter so gelb.
Ist da das Märchen? Erscheinen nun Elbe, alle die Tischchen
Hurtig zu decken zum Schmaus gräserdurchhuschenden Volks?
Stille, ein Häher nur schreit, und tiefer dring´ ich ins Dickicht:
Da, ein gefallener Stamm sperrt mir den spärlichen Weg.
Aus dem Erdreich gerissen, die Eingeweide des Wachstums
Haften mit Fasergewirr noch in der Wunde des Grunds.
Morsch ist der Riese, vom Blitze gespalten, die Stümpfe der Äste
Weißlich mit Flechte und Moos wie mit Verwesung bedeckt.
Weiter, Gerölle hinan! Und wieder gigantische Wurzeln,
Gleichend Urweltgetiers Resten, verknorrt und versteint,
Gleichend gewaltigen Knochen von sagenhaften Organen,
Fängen und Rüsseln, dereinst furchtbar mit Schuppen bewehrt.
Schädelstätte des Tods? Mich fröstelt´s, ich lausche beklommen:
Nirgends lebendige Spur, nirgends lebendiger Laut.
Nur aus verdeckten Tiefen ein unsichtbar stürzend Gewässer
Stöhnt in die Schauer des Orts wie aus dem Schoße der Welt.

LETZTE ERKENNTNIS

Willst du gleich die Früchte greifen?
Hast doch eben erst gesät!
Laß sie werden, laß sie reifen:
Früh ist Arbeit, Ernte spät.

Läßt kein Wachstum sich beschleunen,
Ihr Gesetz hat jede Saat,
Rüste Werkzeug, baue Scheunen
Für die Fechsung, für die Mahd!

Heimsen andre Pflüger eher,
Voll Geheimnis ist die Welt;
Sei kein Neider, sei kein Späher
Nach des Nachbarn Ackerfeld!

Glaubst du vor dem Schnitt zu sterben,
Sei nicht bange um die Frucht!
Kein Ertrag bleibt ohne Erben,
Keine Tat bleibt ungebucht.

Wer im Werk den Lohn gefunden,
Ist vor Leid und Neid gefeit,
Denn er hat sich überwunden
Und kann warten und hat Zeit.

DAS LÄCHELN *(1907)*
Eine Frühlingsballade

Wie doch die Menschen sind! Sie sorgen,
Was morgen werden wird und übermorgen -
Und ihre Seelen bleiben blind und arm;
An Gärten wandern sie vorbei, an Gittern,
Die von dem Drängen junger Sträucher zittern,
Und ihre Seelen füllt der ewig gleich Harm.

Daß über Nacht ein Wunder neu geboren,
Daß aus der alten Häuser tiefen Toren
Nun wieder Kinderlaut und Kühle weht,
Und daß sich Wölkchen bilden in den Lüften
Von Zigaretten- und Orangendüften
Oder Parfum, wenn eine schöne Frau vorübergeht -

Sie fühlen dieses nicht und nicht das Reigen
Der Abende, wenn sich in langen Reigen
Müd-armes Volk die Straßen heimwärts drängt,
Sie sehen nicht, wie diese bleichen Wangen
Der jungen Mädchen vor dem Frühling bangen,
Der so viel Sehnsucht und Gefahr verhängt . . .

In meinem Leben weiß ich einen Kranken,
Gelähmt an Gliedern, Willen und Gedanken,
Nur seine Seele war dem Wunder heil,
Der konnte lächeln, wenn der erste Schimmer
Der Frühlingssonne in sein traurig Zimmer
Sich leise schob, ein goldner, zarter Keil.

Der konnte lächeln über jede Blüte,
Daß dieses Lächelns wundervolle Güte
Dem toten Auge flüchtig Leben gab,
Der konnte weinen über Kinderlieder
Und tiefer atmen, wenn der Duft vom Flieder
Ihn grüßen kam in seiner Kissen Grab.

Und dieses Lächeln, diese Tränen waren
So überreich an jenem Wunderbaren,
Des alle darben, die so dumpf-gesund.
Und ich hielt dieses Mannes Hand im Sterben
Und ward zu seines Lächelns Erben,
Das wie ein Blühen lag um seines blassen Mund.

GENIUS DES HERBSTES *(1908)*

Jetzt ist er leise wieder eingetreten,
Der stille Mann mit seinem müden Segnen,
Und alle Wesen, die ihm ernst begegnen,
Verneigen sich im letzten, stummen Beten.

Wie liegt der Fluß in diesen Erntetagen
Blank, eine Sichel, die ihr Werk verrichtet,
Und Garben über Garben, goldgeschlichtet,
Lasten wie Glanz auf hochgetürmten Wagen.

Jetzt spenden alle Kelche ihre Neige
Zu letzter Lust, denn dunkel ist das Morgen,
Und stille Gräber, sommers blattgeborgen,
Erschimmern jetzt durch schwarze, kahle Zweige.

Der Meister doch in regloser Gebärde
Blickt wie ein Arzt am Bette eines Weibes,
Das sterbend liegt in Wehen seines Leibes,
Und fühlt den Puls der erntemüden Erde.

Dann wendet er sich ab von all dem Sterben
Und weiht dem jungen Leben sein Erbarmen,
Und aus der Mutter toderstarrten Armen
Hebt er das Kind, den Frühling, ihren Erben!

TIEFER BLICK *(1910)*

Oh, du kannst einsam sein, daß Gott erbarm´
Und es dich mitten in dem Fliegenschwarm
Der Menschen jäh befällt wie Scham und Grauen!
Und manchmal mußt du vor den Spiegel gehn
Und voller Angst nach deinem Bilde sehn,
Um in ein Antlitz, das dich kennt, zu schauen.

Und Freunde kannst du haben, Weib und Kind
Und so allein sein wie ein Baum im Wind,
Der zitternd steht auf namenloser Heide;
Und mit den Freunden hast du viel verbracht,
Und mit dem Weibe schläfst du jede Nacht,
Und jedes Kind ist deiner Seele Weide.

Sie aber fassen deine Rede kaum,
Als sprächest du aus einem irren Traum,
Der nicht Bewandtnis hat in ihrem Leben;
Zu deiner Freude sind sie fremd und kühl,
Für deine Drangsal ohne Mitgefühl,
Neugier ist alles, was sie zögernd geben.

Da wirst du selbst dir mählich unbekannt
Und wie ein minderer Komödiant,
Der jede Miene einlernt und Gebärde;
Nur manchmal hörst du´s rauschen innerlich
Und hältst erschrocken inne: Bin das ich?! –
So einsam kann man sein auf Gottes Erde.

ADAGIO FÜR CELLO *(1907)*

Alles Tagverlangen
Ist zur Ruh´ gegangen
Rosenrot im Rohr.
Aus den Birkenzweigen,
Wo er still gehangen,
Bleich und netzgefangen,
Hebt in sanftem Steigen
Sich der Mond empor.

Leise, weiße Seiden
Kleiden jetzt die Weiden,
Schläfernd schlürft der Bach.
Schober auf den Wiesen
Hocken wie die Riesen,
Und die dunkeln Hunde,
Ruhlos in der Runde,
Wandern wach.

SOMMERLIEBE *(1923/24)*
Stecchetti

Wir liebten uns, als blauer Lüfte Schweigen
Und Sonnenglut auf blonden Ähren lag.
Die Eichen schatteten mit breiten Zweigen,
Wo deine Luft barchantisch meiner pflag.

Die süßen Schwüre, die Verliebten eigen,
Die heitern Künste, die Begier vermag,
Was andere verschweigen und nicht zeigen,
Vertrauten wir dem flammenhellen Tag.

Und dann ward Herbst. In langen Zügen kehrten
Die Raben wieder, und auf trauten Fährten
Tu´ ich nun einsam machen Waldesgang.

Die Eichenblätter, die der Frost versehrte,
Fallen im Wind. – Ach, deine Liebe währte
Nur einen Sommer, e i n e n Sommer lang.

TRISTITIA *(1923/24)*
Stecchetti

Die Traurigkeit entfaltet ihren Fächer,
Beschattend alle Gegend weit und breit;
Die Welt geht ein in große Müdigkeit,
Der Wind steht still, der Tag wird immer schwächer.

Und durch des Himmels dämmernde Gemächer
Sinkt leises Weiß herab. O, wie es schneit!
Als bettete den Flügel ruhbereit
Der müde Schnee auf Straßen und auf Dächer.

Kaum eine Stunde, und schon träumt den Traum
Des Lobs die Stadt, gehüllt in bleichen Flaum,
Der unaufhörlich lautlos niedertastet.

Doch du, mein Herz, wie lang schon ist das her,
Daß, wie der Marmor eines Grabes schwer,
Auf dir die große stumme Kälte lastet?

SCHWEIGEN DER NACHT *(1923/24)*
Karducci

O tiefe Nacht, die weit und einsam blaut,
Sichtbarer Schlaf du der erschaffnen Welten
Auf öden Höhn, wo böse Wetter schelten,
Und auf der Erde, die der Mensch bebaut –

Und Schatten ihr, von keuschem Licht betaut,
Und Himmel du mit glitzernden Gezelten,
Formen des Lichts, die unserm Schicksal gelten,
Ihr, allen Wesen mystisch angetraut –

Und du auch, Pilgrim silberner Gefilde,
Der seiner Strahlen klares, bares Erz
Auf jede Brust legt mit derselben Milde –

O sagt, was soll dies Sehnen rätselwärts
Uns armer Gilde irdischer Gebilde?! –
Doch ihr bleibt ohne Regung, ohne Herz.

SELBSTBILDNIS DES DICHTERS UGO FOSCOLO (1923/24)
Foscolo

Gefurcht die Stirn, tiefliegend-scharf der Blick,
Fuchshaarig, Wangen welk, ein kühn Gesicht,
Heißfeucht der Mund, die Zähne blank und dicht,
Breitschultrig, Haupt geneigt, ein stolz Genick.

Der rechte Wuchs, die Tracht von edem Schick,
Gang, Denken rasch, die Rede kurz und licht,
Rechtschaffen, menschlich, nüchtern, nobel, schlicht,
Abhold der Welt, und unhold mir das Glück.

Des Worts bisweilen, oft der Tat ein Held,
Einsam zumeist, doch stets in Leib und Last;
Beweglich, zäh, jähzornig, hastgequält.

An Fehl und Vorzug reich, Enthusiast
Kühler Vernunft und doch gefühlbeseelt,
Gilt es, zu tun. Im Tod erst: Ruhm und Rast!

STIMME AUS EINEM GRABE DER VIA UPPIA *(1923/24)*

Stecchetti

Ich, der dir ruft, vor abertausend Jahren
lebte auch ich und ließ mir Luft behagen.
Weinlaub und Blüten habe ich getragen
Beim Tanz der Bachusfeste in den Haaren.

Doch nie wie du mit einsamem Gebaren
Irrt´ ich des Nachts, um Gräber zu befragen,
Nie hab´ ich grübelnd mich herumgeschlagen
Mit Jenseitsrätseln, die wir nie erfahren.

Nie bannte mich dein blasser Christus-Schemen,
Und lächelnd schied ich zu den Körperlosen.
Doch du wirst unter Tränen Abschied nehmen.

In eurer Gottesäcker fahlen Moosen
Und düsterm Anwuchs nisten Angst und Grämen,
Auf meinem Hügel aber glühen Rosen.

UNTER DER STADT *(1917)*

Knapp unter der Stadt, in der die Paläste stehn,
Die Türme der Dome in Wolken greifen,
Wo blühende Zweige in Gärten wehn
Und alle die müßigen Schritte schweifen,
Knapp unter der Stadt, in der die Motoren jagen,
Die Frauen Seide und Glitzern tragen,
Wo in den Nächten durch goldene Säle
Auf Bogen von gepudertem Fleisch
Das Sinne aufpeitschende Gekreisch
Von heiseren Rhythmen niederprasselt –
Knapp unter der Stadt, da sind die Kanäle!

Da sickern die Abwässer zusammen.
Was lüsterne Gaumen geletzt
Und mit prickelnden Flammen
Die Pulse gehetzt:
Luft, Reiz – geronnen zu Kot!
Was den großen Hunger gestillt
Von Millionen Magen,
Gekaute, verdaute Kot: Brot –
Brei und Jauche jetzt,
Dampfender Gischt, Gestank!

Dort in ewiger Nacht,
Schacht an Schacht,
Bei eklem Fraß und Begatten
Hausen die Ratten!

Dort im Sickern und Stauen
Schleimiger Gemenge
Brüten und brauen
Die Miasmen,
Steigen und drängen
Die bösen, typhösen
Dünste durch Rohre und Schläuche,
Nisten sich in Lungen und Bäuche,
Werden Fieber und werfen nieder
Wehrlose Glieder,
Und aus den Gittern der Kanäle,
Aus Grundwässern und Brunnen,
In die der Abhub gedrungen,
Reckt sich die Seuche! –

Aber der Strom, der heilige Strom
Nimmt alles auf
In seinen silbernen Lauf.
Kaum daß ein Schauer,
Ein gelblich-grauer,
Über sein ewiges Antlitz geht.
Jenseits der Brücken
Fließt er in rauschender Hehre,
Spiegelnd goldener Wolken Saum,
Zum Meere –
Und alles war Traum.

ICH BIN EIN KIND DER STADT *(1911)*

Ich bin ein Kind der Stadt. Die Leute meinen,
Und spotten leichthin über unsereinen,
Daß solch ein Stadtkind keine Heimat hat.
In meine Spiele rauschten freilich keine
Wälder. Da schütterten die Pflastersteine.
Und bist mir doch ein Lied, du liebe Stadt!

Und immer noch, sooft ich dich für lange
Verlassen habe, ward mir seltsam bange,
Als könnt´ es ein besondrer Abschied sein;
Und jedesmal, heimkehrend von der Reise,
Im Zug mich nähernd, überläuft´s mich leise,
Seh´ ich im Dämmer deine Lichterreihn.

Und oft im Frühling, wenn ich einsam gehe,
Lockt es mich heimlich-raunend in die Nähe
Der Vorstadt, wo noch meine Schule steht.
Da kann es sein, daß eine Straßenkrümmung,
Die noch wie damals ist, geweihte Stimmung
In mir erblühen macht wie ein Gebet.

Da ist der Laden, wo ich Heft und Feder,
Den ersten Zirkel und das erste Leder
Und all die neuen Bücher eingekauft,
Die Kirche da, wo ich zum ersten Male
Zur Beichte ging, zum heiligen Abendmahle,
Und dort der Park, in dem ich viel gerauft.

Dann lenk´ ich aus den trauten Dunkelheiten
Der alten Vorstadt wieder in die breiten
Gassen, wo all die lauten Lichter glühn,
Und bin in dem Gedröhne und Geschrille
Nur eine kleine ausgesparte Stille,
In welcher alle deine Gärten blühn.

Und bin der flutend-namenlosen Menge,
Die deine Straßen anfüllt mit Gedränge,
Ein Pünktchen nur, um welches du nicht weißt;
Und hab´ in deinem heimatlichen Kreise,
Gleich einem fremden Gaste auf der Reise,
Kein Stückchen Erde, das mein Eigen heißt.

ICH MÖCHTE DOCH NUR *(Nachlese)*

Und möchte doch nur wie die andern sein,
die alles tun zu klarem Zweck und Ziel,
was morgen gilt, bedeutet ihnen viel,
und wo nichts ist, befriedigt sie der Schein.

Mich nehmen alle Dinge meiner Welt
und zwingen mich, daß ich in ihnen bin,
so muß ich schleppen ihren dunklen Sinn,
heiße Narr und bin im Grund ein Held.

EINER UNBEKANNTEN *(Nachlese)*

In diesem großen Traurigsein,
  das Leben heißt,
kann einer fernen Lampe Schein
oft wie ein liebes Grüßen sein
  von Geist zu Geist.

Und eines Menschen Angesicht,
  das kaum man kennt,
kann rührend sein wie ein Gedicht
und trösten wie ein leises Licht,
  das tief im Dämmer brennt.

Der Dramatiker

Anton Wildgans strebt in seinem dramatischen Schaffen, alle Tendenzen des Dramas seiner Zeit zu vereinen. Es sind sowohl realistisch-naturalistische als auch symbolistisch-expressionistische Züge, die seine Stücke kennzeichnen. Zum einen gestaltet Wildgans – hierin naturalistischen Einflüssen folgend – aus dem Milieu, der determinierenden Umwelt heraus die Personen, ihr Handeln und somit das gesamte dramatische Geschehen („Liebe"), zum anderen nimmt er dort expressionistische Züge an, wo er in einen höheren Bereich verweist, der Alltäglich-Soziales, Sinnlich-Reales mit Symbolisch-Mystischem verbindet („Dies irae", „Kain"). Hier wie dort aber scheint der Mensch dem Schicksal, einem unausweichlichen Treiben und Getriebenwerden ausgesetzt, aus dem heraus er sich selbst handelnd nicht befreien, nicht lösen kann. In den Dramen von Wildgans wird nüchterne Alltagssprache mit pathetisch-übersteigerter verschmolzen, um in den sozialen Unzulänglichkeiten, der Ichsucht und der mangelnden Entsagungsbereitschaft der gestalteten Figuren, die die leidvollen Konflikte des Aneinandervorbeilebens und der Tragik der versäumten Mitmenschlichkeit schaffen, das Alltäglich-Reale zu einem Allgemeingültigen zu überhöhen.

Nach einigen Jugendversuchen sind es vor allem die „Bürgerlichen Dramen": „In Ewigkeit Amen", „Armut", „Liebe" und „Dies irae", welche Wildgans im ganzen deutschen Sprachraum bekannt machten. Die projektierte „Menschheitstrilogie", welche Wildgans als sein Hauptwerk betrachtete (Kain, Moses, Christus), kam nicht zustande. Lediglich „Kain" gelangte zur Vollendung, von „Moses" existiert ein Fragment.

IN EWIGKEIT AMEN. Ein gerichtliches Vorspiel in einem Akt.

Dieser dramatische Versuch ist mir selbst so problematisch, daß ich ihm nur dunkel gegenüberstehe. Während ich sonst jede Zeile und jedes Wort meiner Gedichte mit einer Klarheit beurteile, die jene meiner Kritiker weit übertrifft, über diesen Einakter war und bin ich noch heute vollkommen unorientiert. Wie man oft in der Erregung ein Wort ausspricht, über das man sich nachher den Kopf zerbricht, prüfend ob es so recht oder übel gesprochen war, so stehe ich heute noch diesem, aus einer dramatischen Erregung herausgeschleuderten Produkt gegenüber, bisher nur so viel wissend, daß es scheinbar zu wirken vermag [...][4]

Der Einakter ist bis heute das meistgespielte Wildgansdrama. Da er aber nicht abendfüllend ist, wurde – neben anderen Kombinationen – vor allem die Zusammenstellung Wildgans-Kraus („Die letzten Tage der Menschheit") mehrmals gebracht und fand besondere Zustimmung und Aufmerksamkeit. Ein Kommentar dazu: *„Daß bei Kraus die Stimme Gottes ein auswegloses: Ich habe es nicht gewollt, spricht, dieses transzendente Nitschewo, während bei Wildgans immerhin ein menschlich bewegendes In Ewigkeit Amen hinter allem Leid der Kreatur ertönt, läßt im Wiederschein ein und desselben Geistgewitters die so verschiedenen Charaktere grell aufleuchten."* (Neues Österreich vom 15. April 1956)

„In Ewigkeit Amen" wird von Wildgans als gerichtliches Vorspiel bezeichnet, das auf eine Begebenheit aus seiner Tätigkeit als Rechtspraktikant zurückgeht.

Ein wegen eines im Jugendalter begangenen Mordes bestrafter Zuchthäusler – er erschlug den Verführer seiner Braut – wird nach 27Jahren Haft begnadigt. Einige Wochen nach seiner Entlassung steht er aber wieder vor dem Untersuchungsrichter. Anläßlich eines Streites hatte er seine Quartiersfrau, die ihn in sadistischer Art quälte, im Zorn mit einem Fleischschlögel auf den Kopf geschlagen.

Der Untersuchungsrichter bewertet allerdings nur die Tat, ohne Rücksicht auf die äußere und innere Situation des Täters. Er unterstellt dem Angeklagten, diesen „Mordversuch" bewußt begangen zu haben, um wieder in die Strafanstalt zu kommen, in der er sich besser aufgehoben gefühlt habe als in seiner jetzigen, hoffnungslosen Freiheit. Die müde Resignation des Mannes gegenüber dem Untersuchungsrichter, der sich von einem erbarmungslosen formellen Rechtsstandpunkt leiten läßt und der ungerührt auf die Bestätigung seines vorgefaßten Urteiles hinarbeitet, wirkt mitleiderregend. Man glaubt dem Angeklagten, daß keine Tötungsabsicht vorlag, und empfindet das Verhalten des Richters zumindest als fragwürdig.

In diesem Drama steht die Frage nach der „wahren" Gerechtigkeit im Raum. Der sozialkritische Jurist Wildgans ist sich des oft unlösbaren Zwiespaltes zwischen der „Menschlichkeit" und der bloß „gesetzeskonformen" Gerechtigkeit bewußt.

RAT: Pfui Teufel! Wie ein Weib sind Sie! *Sich abwendend*: Herr Schriftführer, schreiben Sie: Der Zeuge gibt an, daß er vor der Tat keinerlei Anzeichen einer Geistesstörung an dem Beschuldigten bemerkt habe. Derselbe sei auch kein Trinker gewesen und habe sich insbesondere am Abend vor der Tat nicht betrunken. Der Zeuge hat nicht bemerkt, daß der Beschuldigte es auf die Dworschak abgesehen gehabt habe, auch habe ihm dieselbe keine diesbezüglichen Mitteilungen gemacht. *Zum Zeugen, barsch:* Sie haben gehört, was ich diktiert habe. Wenn Sie damit einverstanden sind, unterschreiben Sie das Protokoll!

Kritzenberger rührt sich nicht.

RAT *gereizt*: Herr Doktor, lesen Sie ihm das Protokoll vor!

KRITZENBERGER *trotzig*: I will nix vorg'lesen und i unterschreib a nix.

RAT *gleichmütig*: Schön. Herr Doktor, schreiben Sie: Der Zeuge verweigert die Anhörung des Protokolls und die Unterschrift. – Sie können schon gehen, Kritzenberger.

KRITZENBERGER *aufgestanden*: Aber jetzt möcht' i mei Zeugengebühr!

RAT *scheinbar darauf eingehend*: Wie groß ist Ihr Anspruch?

KRITZENBERGER *versöhnter:* Drei Kronen verlier´ ich am Vormittag.

RAT: Also drei Kronen. *Als wenn es ihm erst jetzt einfiele:* Übrigens, stehen Sie denn als Zahlkellner im Tag- oder Wochenlohn?

KRITZENBERGER: Nein, aber meinen Schaden hab´ ich d o c h!

RAT *schadenfroh, brutal:* Das Gesetz gewährt aber nur jenem einen Anspruch auf Zeugengebühr, die im Tag- oder Wochenlohn stehen. Empfehle mich!

Kritzenberger grimmig in sich hineinmurmelnd, mit gehässigem Blick ohne Gruß ab.

RAT *ihm erst mit Kopfhaltung nachblickend, dann sich vergessend:* Mit solchen Subjekten muß man sich an e i n e n Tisch setzen!

DOKTOR ZWIRN *begütigend:* Ein armer Teufel, Herr Rat –

RAT *abschneidend:* Herr Doktor, ich danke für Privatgespräche. *Telephoniert:* Vorführzimmer!! – Vorführen auf Abteilung siebenundsechzig den Anton Gschmeidler von Zelle einundachtzig! Aber rasch!!

Pause. Der Rat lehnt sich in seinem Sessel zurück. Doktor Zwirn schreibt. Nach Verlauf von zirka einer Minute hört man vom Gang her schwere Schritte und das Klirren eines Schlüsselbundes. Dann wird die Tür energisch aufgemacht, und der Beschuldigte Anton Gschmeidler tritt in Begleitung eines Justizsoldaten ein. Er steht an der Tür unschlüssig und niedergeschlagen. Der Justizsoldat entfernt sich nach militärischem Strammstehen und Gruß.

Anton Gschmeidler ist mittelgroß, schmächtig, etwas gebeugt in seiner Haltung. Gutes, altes österreichisches Gesicht. Kurzgeschorene grauweiße Haare, Kinn und Wangen voll langer weißer Bartstoppel, Schnurrbart nach abwärts, wirr und weiß. Sieht aus wie ein alter Einspännerkutscher. Trägt abgetragenen Anzug von undefinierbarer Farbe und weder Krawatte noch Hemdkragen.

RAT *mit Handbewegung:* Daher setzen! *Rasch aus dem Akt:* Sie heißen Anton Gschmeidler, sind 51 Jahre alt, katholisch, ledig, in Wien geboren und zuständig.

GSCHMEIDLER *nickend:* Jawohl.

RAT: Sie sind vorbestraft, und zwar wegen Mordes, begangen an dem Schlossermeister Gustav Wuck. – Nachdem Ihnen anläßlich der Amnestie der Rest Ihrer lebenslänglichen Kerkerstrafe nachgesehen wurde, haben Sie zuletzt bei dem Zahlkellner Leopold Kritzenberger und dessen Konkubine als Bettgeher gewohnt. Wie haben Sie diese Leute kennengelernt?

GSCHMEIDLER *freundlich:* Ganz durch Zufall. – Ich hab´ den Kritzenberger in seinem Kaffeehaus kennengelernt, wo er Marqueur ist. Er ist mir gleich gut zu G´sicht gestanden. Da hab´ ich ihm halt alles erzählt, wer ich bin und woher ich komm´ und daß ich halt keinen Unterstand hab´. Da hat er mich gleich eing´laden, daß ich bei ihm und seiner Frau wohn´. Na, ich war damals froh, daß ich so einen guten Menschen gefunden hab´.

RAT *boshaft:* Die Einladung bestand darin, daß Sie dem Kritzenberger alles, was Sie an barem Gelde besaßen, abliefern und sich verpflichten mußten, auch Ihre monatliche Pfründe von zwanzig Kronen an ihn abzuführen. Also gar so weit her war es mit der Güte dieses Menschen nicht.

GSCHMEIDLER *mild:* Na ja, das stimmt schon. Aber dafür hab´ ich doch auch mein Wohnen gehabt und mein Essen. Wer nimmt denn gleich einen entlassenen Sträfling ins Haus? Umsonst kann man das nicht verlangen.

RAT: Warum haben Sie sich nicht nach Arbeit umgesehen?

GSCHMEIDLER *mit gütiger Überlegenheit*: Umschauen ist leicht, aber kriegen ist schwer, Herr Richter.

RAT: Was haben Sie vor Ihrer Abstrafung für einen Beruf gehabt?

GSCHMEIDLER *schlicht:* G'lernter Schlosser bin ich.

RAT: Na also, Schlosser werden ja auch heute noch benötigt.

GSCHMEIDLER: Aber, Herr Richter! Wer nimmt denn einen alten Mann, wo so viele junge gelernte Leute herumrennen und verhungern!

RAT: Reden Sie sich nicht aus! Fleiß und Anständigkeit haben noch immer ihr Auskommen gefunden.

GSCHMEIDLER *weise*: Ja, sagt man – aber wahr is's net.

RAT *mißvergnügt*: Sie waren also im Hause Kritzenberger so gut aufgenommen, daß Sie zum Dank dafür die Dworschak erschlagen wollten.

GSCHMEIDLER *sich verwahrend*: Wer sagt denn, daß ich s' hab' derschlagen wollen?

RAT: Na, Ihnen ist alles zuzutrauen.

GSCHMEIDLER: Nein, nein! Vom Erschlagen kann keine Red' nicht sein. Züchtigen hab' ichs' wollen. Das geb' ich schon zu. Denn das hats' verdient.

RAT: Wieso?

GSCHMEIDLER *beinahe schmerzlich*: Das ist ein gar schlechtes Frauenzimmer, Herr Richter –

RAT: Und wenn schon! Was geht das Sie an?

GSCHMEIDLER *wie früher*: Da plagt sich so ein braver, fleißiger Mensch Tag und Nacht für das Weibsbild, nur daß er ihr alles schafft, was so eine in ihrem Übermut verlangt, und dann geht sie her und nimmt sich den ersten besten von der Straßen! – Ah, reden wir lieber net, Herr Richter –

RAT *sarkastisch*: Ein sonderbarer Heiliger sind Sie, Gschmeidler.

GSCHMEIDLER *ergeben*: Wohl, wohl, heilig kunnt' man schon werden, wenn man sechsundzwanzig Jahr' lang Pappschachteln g'leimt hat.

RAT *ironisch*: Sie wollen also offenbar sagen, daß Sie die moralische Entrüstung über das liederliche Verhalten der Dworschak zur Tat veranlaßt habe. Sie werden jedoch zugeben, daß man Ihnen ein so empfindliches sittliches Gefühl nicht gut zutrauen kann. Auch ist die Untreue einer Frauensperson gegenüber einem Manne, mit dem sie nicht verheiratet ist, kein solches Verbrechen, daß ein gänzlich Unbeteiligter wie Sie an ihr die Todesstrafe vollziehen dürfte. Oder Sie w a r e n kein Unbeteiligter! *Geieraugen.*

GSCHMEIDLER *unbefangen:* Das muß doch einen jeden empören, Herr Richter.

RAT *wegwerfend:* Ah, reden Sie nicht! Sie haben schon einmal einen Menschen wegen eines Frauenzimmers umgebracht – aus Eifersucht!

GSCHMEIDLER *verletzt aufbrausend*: Das war kein so ein Frauenzimmer! Das war meine Braut! Die hat mir Treue geschworen gehabt fürs ganze Leben! Und dann ist dieser Mensch – Gott hab' ihn selig – hinter meinem Rükken hergegangen und hat ihr Verleumdungen über mich g'sagt und hat ihr selber das Heiraten versprochen und hat s' verführt, und dann her er s' sitzenlassen. Weggeworfen wie was Schlechtes meine Hermine, meine Braut! D a f ü r hab' ich ihn um'bracht! Net wegen Eifersucht.

RAT *höhnisch:* Wie kommt es dann, daß die Dworschak hier vor Gericht als Zeugin ausgesagt hat, Sie hätten ihr in der bewußten Nacht, nachdem sich der fremde Mann entfernt hatte, ganz bestimmte unsittliche Anträge gestellt?

GSCHMEIDLER *verzeihend:* Das is ja g'logen, Herr Richter.

RAT *gefährlich:* Geben Sie acht, was Sie

sagen! Die Dworschak hat sogar weiter behauptet, daß Sie ihr gedroht haben, Sie würden alles dem Kritzenberger mitteilen, wenn sie, die Dworschak, sich Ihnen gegenüber nicht auch gefügig erweisen sollte. – Lassen Sie mich ausreden! – Und in der Tat haben Sie auch den Versuch gemacht, dem Kritzenberger zu tratschen, sind aber von diesem „guten" Menschen mit Ohrfeigen abgespeist worden! *Geieraugen.*

GSCHMEIDLER *empört:* S o is dös net wahr, Herr Richter! – Wie der fremde Herr in der Nacht weg war, da hab´ ich der Fräuln Marie g´sagt, daß ich alles g´hört und g´sehen hab´ und daß sie sich schamen soll und daß ich´s dem Kritzenberger erzählen werd´, wenn so was noch einmal vorkommt. Aber wie der Kritzenberger in der Früh nach Haus kommen is, da hat s´ ihm glei mit die Wort´ empfangen: „Du, Poldi, der alte Zuchthäusler behaupt´, daß ich heute nacht an fremden Menschen bei mir g´habt hab´. Das laß ich mir net g´fall´n!" *Mit gesenkter Stimme:* Na, und da hat er i h r halt mehr geglaubt als mir und hat mich geschlagen. *Wieder lebhaft:* Aber von dem Tag an war´s aus und g´schehn, Herr Richter! Von dem Moment an hat mir die Dworschak nix mehr zum Essen geben. Aber dafür hat s´ mi den ganzen Tag umerdum g´hetzt: einmal zum Greißler, einmal zum Mehlmesser, zum Drogisten, in die Trafik, zum Branntweiner. Zehnmal am Tag fünf Stöck´ auf und ab! Ich bin ja ein alter Mann, Herr Richter! Und wenn i net glei hab´ gehn woll´n, hat s´ g´sagt: „So kriegst nix zum Fressen, du Hund!" Da bin i halt gangen. Und wenn i dann zurückgekommen bin und hab´ s´ bitt: „Fräuln Marie, geben S´ mir jetzt a Schluckerl Kaffee!" – da hat s´ g´lacht und g´sagt: „Am Gang is d´ Wasserleitung. Das ist der beste Kaffee für an alten Zuchthäusler!" *Gesenkt:* So is das fortgangen durch vier Täg´!

RAT *boshaft:* Sie spielen jetzt auf den Märtyrer hinaus. Warum haben Sie sich nicht beim Kritzenberger beklagt?

GSCHMEIDLER *schwer:* Ich hab´ mit e i n m a l Schläg´ genug gehabt.

RAT: Und wie war das am Tag der Tat? Da hat Sie die Dworschak wieder zum Greißler geschickt. Warum sind Sie nicht gegangen?

GSCHMEIDLER *aufgeregt:* Vier Täg´ nix im Magen, Herr Richter! Ich war schon ganz schwach vom Hungerleiden!

RAT: Es hat sich aber gezeigt, daß Sie gleich darauf sehr stark waren – mit dem Fleischschlegel!

GSCHMEIDLER *mit dramatischer Steigerung:* In der Verzweiflung, Herr Richter, in der Verzweiflung! – Denn wie ich der Fräuln Marie g´sagt hab´, daß i net geh´, da is sie zum Küchenkastel gangen, hat´s aufg´sperrt und hat mir a Häferl zeigt, wo s´ kalte Nudeln von gestern drin g´habt hat. Die hat s´ mir unter´s G´sicht g´halten und hat g´spott´: „Siehgst, die Mehlspeis´ hätt´st zum Fressen kriegt, wanns d´ mir zum Greißler gangen warst! So kriegt´s die Katz!" – I hab´ ihr gar nix mehr antworten können und hab´ s´ nur ang´schaut. – Dann ist sie hergangen und hat die Nudeln in a Reindl geben und Milch draufgossen aus an Flaschl. – I hab´ immer nur g´schaut. – Und dann hat´ s´ die Katz g´rufen. „Miez, Miez, Miez!" hat s´ g´rufen. Aber die Katz is net kumma! Die is hintern Herd g´hockt und hat kan Hunger g´habt. – Da hat s´ a Wut kriegt und hat die Katz hinterm Herd fürizog´n. Dabei hat s´ mi von der Seiten ang´schaut, was i für a G´sicht mach´. Und dann hat s´ der Katz die Nasen in die Milch einig´stößen und hat g´sagt: „Friß, Miezerl, friß! Gut – gut! Sonst frißt´s der alte Zuchthäusler!“ Dabei hat sie sich auf d´ Erd niederkniet und hat das Viech um jeden Preis nötigern wolln! – Da is mir plötzlich ganz schlecht wor´n, Herr Richter! I hab´ nimmer g´wußt, was i tua! So wahr ein Gott im Himmel ist, i hab´ nimmer g´wußt, was i tua!

RAT *aufgeregt:* Sie, Gschmeidler, Ihre Verantwortung ist sehr schön, aber sie hat ein Loch. Sie stellen die Sache so dar, als hätten Sie die Tat in einem momentanen unwiderstehlichen Zwange oder in Sinnesverwirrung verübt –

GSCHMEIDLER *überzeugend:* Im unwiderstehlichen Zwang!

RAT *unbeirrt:* Dem ist aber n i c h t so. Sie sollen nämlich bereits geraume Zeit v o r der Tat einer gewissen Frau Hansel gegenüber geäußert haben, daß Sie die Dworschak noch einmal umbringen würden. Also hatten Sie den Mord bereits erwogen. Oder leugnen Sie, jene Äußerung getan zu haben?!

GSCHMEIDLER: I leugn´ nix! Möglich ist´s schon. Wie man halt so redt, wenn man in der Verzweiflung ist.

RAT *funkelnd:* Sie geben also die Äußerung zu?

GSCHMEIDLER: Aber ja, Herr Richter.

RAT *aufgeregt:* Sie stenographieren doch hoffentlich, Herr Doktor?

DOKTOR ZWIRN: Jawohl, Herr Rat.

RAT *scheinbar teilnahmsvoll:* Sie, Gschmeidler, wenn das wahr ist, was Sie früher erzählt haben – und ich glaube es Ihnen beinahe – dann ist es Ihnen bei den Kritzenbergers ja sehr schlecht gegangen.

GSCHMEIDLER: In der letzten Zeit wohl.

RAT *immer erregter:* Haben Sie denn keine Verwandten, an die Sie sich wenden konnten?

GSCHMEIDLER *mit leiser Bitterkeit:* An Bruder hab´ ich, der hat´s Schlosserg´schäft von meinem Vater verkauft und is jetzt Gemeinderat.

RAT: Sind Sie zu dem nicht gegangen?

GSCHMEIDLER: Wohl, wohl. Er hat mir fünf Gulden geben und hat mir viel Glück auf den Lebensweg gewünscht. Da bin i wieder fort.

RAT *väterlich:* Und sonst haben Sie keine Verwandten?

GSCHMEIDLER: Ah, schon, aber die haben mich gar nimmermehr kennt. Und etliche, die haben mich net kennen wolln und haben mich ang´schaut wie einen verstorbenen Geist. – Na, i hätt´ s´ ja a nimmer kennt, wenn i sie auf der Straßen begegnet hätt´. Überhaupt, keinen Menschen hab´ i mehr kennt in der ganzen Stadt. In die Vorstadt bin i gangen, wo meinem Vater sein G´schäft war. Glauben S´, i hab´s g´funden? Net einmal das Haus steht mehr, wo´s drin war! –
Und wie ich dann endlich vor dem neuen Laden g´standen bin und les´ gar an wildfremden Namen und nur ganz klein in der Klammer: Johann Gschmeidlers Nachfolger – da hab´ i g´spürt, daß i g´storben bin für das Schild und für die Leut a.
Immer mehr in sich versinkend: Ja, ja. – Und dann hab´ i den Garten gesucht von meinem Vatern. Ja freilich! Dort steht jetzt a Fabrik. Und das Wirtshaus zur Roten Brezen is a net mehr. Und wo i früher jedes Gesicht gekannt hab´ auf der Straßen, da sind lauter fremde Leut gangen. I hab´ niemand mehr kennt. Und dann bin i in die innere Stadt hinein, Herr Richter. Du lieber Gott! Grad daß no der Stephansturm auf seinem alten Platz steht! – Es is a andere Stadt, Herr Richter, und i kenn´ niemandn mehr, und mich kennt auch niemand mehr. Das is so viel wie g´storbn – aus und amen.

RAT *in höchster, aber bemeisterter Erregung, mit Geieraugen, aber gütig ver-*

stellter, innerlich zitternder Stimme: Haben Sie sich da nicht in Strafanstalt zurückgesehnt, Gschmeidler! – Dort waren Sie ja gut angeschrieben, und schlecht geht es einem ja nicht in der Strafanstalt, wenn man sich nur brav verhält, und Sie h a b e n sich brav verhalten! Das weiß ich. Sie war ja Ihre zweite Heimat, die Strafanstalt, Ihr zweites Vaterhaus. Das andere haben Sie ja verloren.

GSCHMEIDLER *dumpf vor sich hin:* Verloren –

RAT *immer erregter:* Und dann: Dort hat man Sie schon lange gekannt, und auch Sie haben Menschen gekannt, wenn es auch nur Ihresgleichen waren. Auch hat Ihnen dort sicher niemand vorgeworfen, daß Sie vor langer, langer Zeit einmal einen Menschen umgebracht haben! Denn dazu waren Sie ja dort, um es zu büßen und zu sühnen! – Haben Sie sich da nicht in die Strafanstalt zurückgesehnt, Gschmeidler?

GSCHMEIDLER *ohne aufzusehen:* Einesteils schon, Herr Richter.

RAT *kaum mehr an sich haltend:* Und andernteils haben Sie doch gewußt, daß es nur einen einzigen Weg gibt, wieder dahin zurückzugelangen! *Seine Stimme ist bei den letzten Worten aus der Rolle gefallen.*

GSCHMEIDLER *dadurch stutzig geworden, blickt auf und sieht den glühenden Geierblick auf sich gerichtet; er schrickt zusammen:* Jesus Maria!!

RAT *aufgerichtet, unentrinnbar, mächtig:* Und dieser e i n e Weg war ein neues V e r b r e c h e n!!

GSCHMEIDLER *in höchster Bestürzung:* Herr Richter! Herr Richter!

RAT *in höchster Anspannung:* Denn das wissen Sie, daß leichte Verletzungen nur mit Arrest bestraft werden!

GSCHMEIDLER *mechanisch:* Nur mit Arrest!

RAT *funkelnd:* Daraus folgt, daß Ihre Absicht auf eine s c h w e r e Verletzung der Marie Dworschak gerichtet war, wenn nicht gar auf deren T o d!

GSCHMEIDLER *aufstehend, hilflos:* Ich hab´ s´ net umbringen wollen!

Rat ist gleichfalls aufgestanden.

GSCHMEIDLER, *die Hände faltend, ganz still, wie ein Kind:* Ich hab´ s´ nicht umbringen wollen! Züchtigern ja! Züchtigern – !

RAT *eisern:* Aber so „züchtigern", daß Sie wieder in die Strafanstalt kommen! Ja oder nein!?

GSCHMEIDLER *sich auf den Sessel fallen lassend:* In Gottes Namen – *gemartert:* Ja!!

RAT *triumphierend, aufatmend:* Na also!

Doktor Zwirn ist schon früher aufgestanden und steht nun beinahe über Gschmeidler gebeugt da. Sein sonst so häßliches Gesicht ist von schöner Milde.

RAT *saturiert, lächelnd:* Nun, Herr Doktor Zwirn! – Nicht wahr, Sie werden die Güte haben, das Protokoll aus dem Stenogramm ins reine zu übertragen! Aber nur das Wesentliche, Herr Doktor! Morgen werden wir es dann dem Beschuldigten vorlesen. Sind Sie damit einverstanden, Gschmeidler?

Gschmeidler, der ganz in sich versunken dagesessen war, nickt jetzt beinahe zufrieden.

Doktor Zwirn hat sich niedergesetzt und richtet, seine Aufmerksamkeit verbergend, den Blick auf Gschmeidler.

RAT *mit ironischem Lächeln zu Zwirn:* Das hat Sie, wie mir scheint, sehr hergenommen, Herr Doktor! *Er zündet sich eine Zigarre an.* Da werde ich schon selber telephonieren müssen, daß der Beschuldigte abgeführt werde. Oh, bitte sich nicht zu bemühen, Herr Doktor! *Telephonierend:* Vorführzimmer! – Bitte abführen von Abteilung siebenundsechzig! – Ja, danke. – So, und ich gehe jetzt zu einer Obduktion. Es ist gerade Zeit. So was lasse ich mir nicht gerne entgehen.

Er steht, aufgeräumt und Wolken paffend, auf.
Vom Augenblick an, da der Rat, am Tische sitzend, die ersten Rauchwolken ausgeblasen hat, ist mit Gschmeidler eine Veränderung vor sich gegangen. Der stumpfe, teilnamslose Gesichtsausdruck ist einer tierischen Verklärtheit gewichen. Er beginnt zu schnuppern und den Rauch einzuziehen. Er gerät dabei in eine Art Aufregung und fängt auch an, sich die Rauchwolken verstohlen zuzufächeln. Doktor Zwirn hat es bereits bemerkt, nun im Aufstehen bemerkt es auch der Rat.

ARMUT. Trauerspiel in 5 Akten.

Das Ziel des Stückes Armut: Eine gehobene Wirklichkeit, die von der unnatürlichen Theatralik ebenso weit entfernt ist, wie von plattem Naturalismus.[5]

Die Armut der Menschen kann viele Gesichter haben. Die einen nehmen sie als gegeben hin, vielleicht sind sie nur stumpf, weil sie nichts anderes kennen. Sie haben gelernt, sich in Unabänderliches zu fügen. Andere, wie die Figuren im Wildgansdrama, quälen sich damit ab und führen einen vielfach erfolglosen Kampf dagegen. Sie zerbrechen nicht selten daran. Der erschütternde Ausdruck für die Verzweiflung, zu der Armut führen kann, ist der Ausruf Gottfrieds: „Armut, Armut, was werde ich durch dich!" Er mag wohl für vieles, das Menschen in ihrer Not tun, stehen.

Die materielle Armut kann zu verzweifelten Taten treiben, bis zum Verrat an den eigenen Lebensvorstellungen, wie es der Tochter des Joseph Spuller geschieht, die sich, um den kranken Vater zu retten, einem Mann verkaufen will. Aber auch die innere Armut der Vereinsamung und Lieblosigkeit, der menschlichen Beziehungslosigkeit, der Verlassenheit der Kinder in äußerlich und innerlich zerbrochenen Ehen kann Menschen an den Rand der Unerträglichkeit bringen.

Das Drama „Armut" besitzt in dieser Sicht auch in der Zeit staatlicher Sozialfürsorge immer noch Aktualität. Die vielfältigen Dramen menschlicher Armut sind unausrottbar.

Nach der Meinung des Anton Wildgans kann der Sieg über die Armut letztlich nur von innen her erfolgen: *„Doch die Verstockten, die Heuchler, die Makler, die Wechsler trifft sein heiliger Zorn mit der Peitsche ins Fleisch! Daß sie durch eigenen Schmerz die Leiden der Brüder erlernen –"*

Der Publikumserfolg des Dramas war ganz außerordentlich. Das Stück wurde auf mehr als hundert deutschen Bühnen gegeben.

Gerade in der unmittelbaren Gegenwart hat das Stück eine neue, unheimliche Dimension erfahren. Beispiele dafür: Das Flüchtlingselend, die Auswanderermassen, die Zerstörungen immer wieder ausbrechender Kriege, die Überbevölkerung und Not der „Dritten Welt", vor allem aber die Furcht vor der Arbeitslosigkeit.

Szenenausschnitte: 2. und 5. Akt.
Personen: Vater, Mutter, Gottfried (Sohn), Marie (Tochter).
Situation: Krankheit des Vaters.

Aus dem 2. Akt:

MARIE: Weiß Gottfried schon, daß sein lieber alter Sekretär verkauft wird?

MUTTER *ironisch:* Wo es sich darum handelt, daß sein Vater die nötigen Medikamente und die teure Krankenkost bekommt, wird er wohl nichts dagegen haben. Wenn ich krank würde, wäre das etwas anderes.

MARIE: Das glaubst du doch selber nicht. Wir Kinder haben dich gerade so lieb wie den Vater. Du selbst bist es ja, die abweist –

MUTTER *verschlossen:* Das kann schon sein, daß mich ein Leben voller Kummer und Enttäuschungen abweisend gemacht hat. Eine Träumerin, die Gedichte liest, und für das Leben nichts taugt, bin ich freilich nicht. Ich habe nur einmal in meinem Leben Unsinn gemacht –

MARIE *gequält:* Daß du den Vater geheiratet hast, ich weiß.

MUTTER: Und diesen Unsinn habe ich bitter genug bezahlt. Für ein armes Mädchen gehört sich das nicht, aus Liebe heiraten. Merk dir das!

MARIE *herb:* Es muß ja nicht geheiratet sein!

MUTTER *höhnisch:* Außer das!

MARIE: Lassen wir das Mutter.

MUTTER *lauernd:* Der Witwer, der unser voriger Zimmerherr war, hätte dich genommen, wie du bist. Und war vermögend!

MARIE *peinlich berührt:* Das höre ich nicht zum erstenmal.

MUTTER *aufgebracht:* Wäre das gar so schrecklich, wenn du jetzt für deinen kranken Vater etwas tun könntest? Der Witwer war ein seelensguter, honetter Mensch. Er hätte für seinen Schwiegervater alles getan, hätte ihm rechtzeitig einen Aufenthalt im Süden ermöglicht und – manches wäre anders gekommen.

MARIE *leise:* Einen Aufenthalt im Süden – *plötzlich qualvoll:* Hab ich denn wissen können, daß der Vater so schwer krank werden wird?

MUTTER: Darauf muß unsereins immer gefaßt sein. Wir leben doch nur von der Hand in den Mund und wenn das Geringste über uns kommt, stehen wir gleich am Rande des Elends. . . .

Aus dem 5. Akt:

MUTTER *mit rauher, mühsamer Stimme:* Wenn ich zurückdenke, was es gewesen, das Leben, die Ehe, Jahr für Jahr. – Ich hab einmal eine Geschichte gelesen von zweien, die arm und glücklich gewesen. Doch diese Geschichte – ist nicht wahr. Schon wie es anfing! Das lange Warten, bis wir uns endlich das bißchen ersparten für den bescheidenen Haushalt zu zwei'n; Und kaum verheiratet, kaum geborgen, kam schon das erste Kind und die Sorgen brachen bei allen Türen herein.

MARIE *qualvoll:* Hat es denn, Mutter, in deinem Leben nicht auch glückliche Stunden gegeben?

MUTTER *herb:* Glückliche? Die paar sind leicht zu ermessen! Einmal – ich hatte ein kleines Los noch von der Taufe her, längst schon vergessen. Da ward es gezogen. Der Gewinn war nicht groß. Aber für uns war's ein goldener Regen. Wollten erst alles auf Zinsen anlegen, aber dann siegte der Leichtsinn doch, und statt es fürs Unglück aufzubewahren, sind wir damit aufs Land gefahren, das erste und letztemal in all den Jahren – fast jedes Baumes entsinne ich mich noch.

MARIE *flehend:* Mutter, such doch in deinem Gedächtnis nach der kleinsten Freude Verbleib! Ist dir denn nie was Liebes geschehen? Will es nicht glauben, wills nicht verstehen! . . .

MUTTER *nach einer Pause des Schwankens zwischen Weichheit und Abweisung mit sich steigender Starrheit:* Ansonsten hab ich nichts Frohes erfahren. War doch nur ein Fristen von heut zu heut. Immer nur arbeiten, rechnen und sparen und nach außen die Haltung bewahren, daß es nicht heiße: die Bettelleut! Der Vater vergrub sich in seine Pflichten, er war ja ein Meister im Verzichten, ihr Kinder wart seine einzige Freud', – und wenn ich einmal für mich was begehrte, war immer ein Grund da, der es verwehrte; Ich war ja auch alt geworden vor der Zeit. Euch hat er umgeben mit allem Lieben, mir ist er manches schuldig geblieben, und ich war doch immer für ihn bereit. *Wendet sich zum Gehen.*

MARIE *auf die Mutter zu:* Mutter, wir wollen alles gutmachen!

MUTTER *bitter:* Könnt ihr denn das?

MARIE *innig:* Glaub Mutter, es geht! Nur mußt du selber uns ein klein wenig Mut machen.

GOTTFRIED *begeistert:* Mutter –

MUTTER *bewegt, aber rauh:* Was willst du?

GOTTFRIED *mit versagender Stimme:* Dich lieb haben – –

MUTTER *einen Augenblick überwältigt, dann immer härter:* Spät ist dir das eingefallen! – Zu spät.
Sie bleibt noch einige Augenblicke, starr vor sich hinsehend, dann geht sie ab.

Abschluß des 5. Aktes:

GOTTFRIED *leidenschaftlich:* Leben – Leben! Was hilft es, mit geschlossenen Augen in den Abgrund zu springen, der Leben heißt? Wir kommen ja doch nicht tot, nur zu Krüppeln geschlagen kommen wir unten an. –
Da gibt es vielleicht nichts anderes, als um sich zu sehen, wo ringsum die andern, die vielen, kümmern, nisten und fristen. Seen sind dort und Fluren von schädlichen Keimen, Städte, aus Herzen gebaut, die Steine geworden vor Jammer. Türme aus Ängsten und Dome von unerhörten Gebeten. Orgeln aus Menschenkehlen, aus heisergeschrieenen, speien den röchelnden Schrei empor an die Ränder des Abgrunds, wo auf tändelnden Füßen die Tänzer des Lebens sich tummeln, tauber als Taube, die Gott mit Taubheit schlug!
Mit großer Liebe: Vielleicht, daß einer dann ist – ob Mensch, ob Dichter, ob Heiland –, der sich Stufen auftürmt aus dem Abgrund empor. Und er tritt zu den Tänzern und spricht zu ihnen im Gleichnis, und die Reumütigen führt er zu liebreichem Werk. Doch die Verstockten, die Heuchler, die Makler, die Wechsler trifft sein heiliger Zorn mit der Peitsche ins Fleisch!
Schmerzlich, leise, gesenkt: Daß sie durch eigenen Schmerz die Leiden der Brüder erlernen –

LIEBE. Eine Tragödie in 5 Akten.

[...] Weder ich, noch sonst jemand konnte voraussehen, daß „Armut" inmitten des Krieges ein Welterfolg werden sollte. In der Tat dürfte es in Deutschland und im deutschsprechenden Ausland kein Theater von literarischen Aspirationen geben, über dessen Bretter „Armut" nicht gegangen wäre. Außerdem wurde das Stück auch in Stockholm und in Holland gespielt. Zwei Jahre später erschien meine Tragödie „Liebe" (November 1916); sie wurde am Deutschen Volkstheater in Wien uraufgeführt und übertraf den äußeren Erfolg von „Armut" insofern, als sie überall, wo sie gespielt wurde, Aufführungszahlen erreichte, die für ein literarisches Stück damals sensationell waren. Dies beruht allerdings zum Teil bloß auf einem Mißverständnis von seiten des Publikums: Man lief in „Liebe" wegen des dritten Aktes und nahm den eigentlichen dichterischen Höhepunkt des Stückes, nämlich den fünften Akt, gleichsam nur mit in Kauf; darin wurde man vielfach auch von der Kritik bestärkt, die den letzten Akt als literarisches Anhängsel bezeichnete und abtat: Was ich mit dem Stück beabsichtigt hatte, das verstand damals eigentlich niemand. [...][6] (Wildgans am 27. März 1930 an den Herausgeber des „Literarischen Echo", Doz. Dr. Kleinmayer, Graz, gedacht als biographische Skizze.)

„Liebe" war zu Lebzeiten von Wildgans sein erfolgreichstes Stück. Der große Publikumserfolg war sicher zum guten Teil auf die für die damalige Zeit gewagte sexuell bezogene Szene im dritten Akt zurückzuführen, zum Leidwesen von Wildgans selbst. Allerdings, mit heutigen Regieeinfällen verglichen, ist sie geradezu als harmlos zu bezeichnen. Doch auch Inhalt, Idee, sprachliche Darstellungsform wirkten auf eine Generation, der es um die Bewältigung neuer psychologischer Erkenntnisse ging. Es war das Wien des Siegmund Freud, und das Buch O. Weiningers „Geschlecht und Charakter" war damals ein Bestseller.

Franz Karl Ginzkey zu dem Stück (3. Oktober 1916):

Soeben habe ich Ihr Stück „Liebe" gelesen. Es fehlen mir im Augenblick die richtigen Worte, aber ich will es dennoch versuchen, meiner Begeisterung ein Ventil zu verschaffen. [...] Ich möchte am liebsten beantragen, daß alle an sich selbst und ihrem Problem leidenden Ehemänner Mitteleuropas Ihnen demnächst vor Ihrem Fenster ein Ständchen bringen. Eine nette Gesellschaft käme da zustande [...] Ich möchte mich ohrfeigen, daß ich das Stück nicht selbst geschrieben habe, kann ein Kunstkollege etwas Schmeichelhafteres sagen? [...][7]

Das Drama „Liebe" behandelt die Problematik einer äußerlich jahrelang gut verlaufenden Ehegemeinschaft. Das Zusammenleben der Partner ist allerdings zur Gewohnheit geworden, ohne daß die tieferen Spannungen deutlich wurden.

Die Liebe gerät auf beiden Seiten in eine Krise. Die Frage taucht auf: Ist es wirklich noch Liebe, was uns verbindet? Von seiten der Frau ist eine Enttäuschung über die Vernachlässigung des beruflich erfolgreichen Mannes da, bei ihm ist das Begehren erwacht, nach einer anderen, neuen sexuellen Befriedigung, als sie ihm die eigene Frau, die er allerdings schätzt, bietet. Die Voraussetzung für die innere Wiedervereinigung ist die gegenseitige rücksichtslose Wahrheit.

Textauszug aus dem 1. und 5. Akt:

ANNA: Immer nur zusehen, wie die anderen jung sind, leben, vergnügt und verliebt sind! Wir sind alt geworden, Martin!

MARTIN *nachdenklich:* Und dabei sind wir doch beide, jeder für sich, noch so lächerlich jung! Alt sind wir nur aneinander.

ANNA: Woher kommt das?

MARTIN *sachlich:* Das kommt vermutlich daher, daß unser Reizbedürfnis mit den Jahren zunimmt, während die Reize, die wir aufeinander ausüben, immer schwächer werden.

ANNA *mit leichter Aggressivität:* Vielleicht hättest du eben eine andere Frau nehmen müssen.

MARTIN *schlicht:* Das glaube ich nicht.

ANNA: Eine, derer du nicht so rasch überdrüssig geworden wärst.

MARTIN *mit Wärme:* Ich bin deiner nicht überdrüssig, Anna.

ANNA: O doch, du sagst ja selbst, daß ich auf dich keinen Reiz mehr ausübe.

MARTIN: Du hast mich nicht verstanden.

ANNA: So etwas kann eine Frau nicht verstehen, die ihren Mann – lieb hat.

MARTIN: Auch ich habe dich ja lieb, Anna.

ANNA: Aber nicht so wie ich dich.

MARTIN *tief:* Wie denn hast du mich lieb?

ANNA *mit gesenktem Blick:* Immer noch so – wie im Anfang.

MARTIN *mit einer Glut, die nicht dem Weibe, sondern der Wahrheit gilt:* Mich? Wirklich mich? Als diesen Mann, der ich bin? Oder mich als den dir nächsten eines Geschlechtes, das du begehrst, eines Lebens, nach dem du dich sehnst und das manchmal in einem hellen verliebten Lachen durchs offene Fenster heraufdringt in einer Maiennacht. Kannst du mir das beantworten?

ANNA *verschlossen, nicht ohne eine gewisse innere Auflehnumg:* So habe ich es noch nicht betrachtet.

MARTIN: So müssen wir es aber betrachten, wenn wir als Menschen in Wahrheit miteinander weiterleben wollen!

ANNA *rauh:* Ich weiß nicht, ich kann dir nicht antworten.

MARTIN *in schwerer Erschlaffung, fast verzweifelt:* Das ist eben der Abgrund zwischen Mann und Weib –

ANNA *betrübt:* O nein, Martin, das ist vielmehr der Abgrund zwischen einem kalten und einem zärtlichen Herzen. *Sie wendet sich von ihm ab.*

Beide Ehepartner geraten in der Folge in verfängliche Situationen, in Versuchungen, einander zu betrügen. Sie vermögen allerdings, sie irgendwie zu überstehen. Sie finden wieder zueinander.

Aus dem 5. Akt:

ANNA: So sehr hast du gelitten, und ich, ich ahnte es nicht!

MARTIN: So sehr Anna, so sehr!

ANNA: Warum bliebst du in all dem Leid so ohne ein Wort zu mir?

MARTIN: Weil zwischen Mann und Weib dunkelste Dinge sind, die keine Lippe nennt, eh sie geschehen.

ANNA *mit qualvoller Anklage:* Und uns?! Ward uns die Liebe nicht auch zur Qual? Was denn nützt uns zu wissen, wenn Wissen nicht stillen hilft? Oder war es nicht Liebe, was uns einst zusammenzwang? War es nur Zufall, was da Geschlecht dem Geschlecht, deines Alleinseins Müdheit und Überdruß, meiner Neugier auf Lust blindlings entgegentrieb? Alles beginnt zu wanken, wenn Liebe nicht ewig ist, wenn von der Herzen Inbrunst Begierde sich trennt und das ruhlose Blut andre Erlösung sucht! O, was aus unserer Liebe geworden ist!

MARTIN *mit wehmütiger Steigerung:* Liebe, Liebe! Was wissen wir Menschen, wann Liebe ist?! Lust der Sinne allein ist Vergänglichkeit, und der Herzen Einklang sänftigt das Glühen nicht. Da laß uns doch lieber wahr zueinander und gütig sein und in Demut erkennen, daß Liebe ein Recht nicht ist – und daß viele dazu berufen, doch nur wenige auserwählt sind.[...]

DIES IRAE. Tragödie in 5 Akten.

Karl Satter, ein Jugendfreund, an Wildgans:

Deine Einsamkeit schreit mir in diesem Drama aus jeder Zeile entgegen [...] Der ungeheure Schritt nach vorwärts liegt darin, daß er gar nichts mehr mit der Naturalistik zu tun hat. Die Symbolik durchdringt es von Anfang bis zum Ende, kein Satz ist so, wie er im banalen Leben gesprochen wird – und doch ist jeder wahr. Das Ganze ist unwahrscheinlich und wahr zugleich [...] nichts läßt sich hinwegnehmen und nichts ließe sich dazutun.[8]

Hugo von Hofmannsthal an Wildgans (12. Dezember 1918):

Ich las das Stück in einem Zug, mit ungetrübter, beständiger Freude; ich glaube, es ist eine, in seltenem Maße geglückte Arbeit, stark und schön, schön und stark. Sehr persönlich und dabei ganz allgemein, ganz gültig, ganz faßlich; unendlich österreichisch, ja wienerisch, aber in der schönsten Weise, ganz von innen heraus [...] Wunderbar wie sich die Figur des Rabanser aus der realistischen Situation in die Situation des Choragetes erhebt und überhaupt einer der ergreifendsten Momente [...][9]

In diesem Drama schneidet Wildgans eines der gesellschaftlichen Grundprobleme an, das auch Jahrzehnte später nichts von seiner Aktualität verloren hat, nämlich den familiären Bereich. Die Zahl junger Menschen ohne familiäre Geborgenheit, ohne familiäre Emotionalität, ohne funktionierendes Familienleben, ohne die lebensnotwendigen Vertrauensbezüge zwischen Eltern und Kindern ist gerade heute erschreckend groß. Die inneren und auch die äußeren Lebenskatastrophen vieler Menschen haben hier die tieferen Wurzeln. Selbst in äußerlich intakten Familien fehlt nur zu oft der innere Kontakt, gibt es gegenseitiges Unverständnis, Gegensätzlichkeiten, Feindschaften bis zum Haß, werden Fehler eines Partners nicht verziehen und steigern so die Entfremdung. Wenn dazu die mehr oder weniger unvermeidbaren Generationskonflikte kommen, die, wie es häufig geschieht, von den elterlichen Partnern in egoistischer Weise, d. h. ohne Rücksicht darauf, wie sie sich auf die Kinder auswirken, ausgenützt werden, sind die verzweifelten Reaktionen junger Menschen mehr als verständlich, ähnlich, wie sie in diesem Wildgansdrama bis zum bitteren Ende abgehandelt werden. Der Sohn Hubert erfährt aus dem feindlichen Gegensatz der Eltern nicht nur, daß er ein ungewolltes Kind ist, sondern leitet daraus die Überflüssigkeit seiner Existenz ab. Als auch die Liebe zu dem Mädchen Rosl ohne Erfüllung bleibt, sucht er im Freitod den letzten Ausweg. Die Verantwortung der Eltern für die von ihnen gezeugte Generation wird erschütternd deutlich. „Wer darf solchen Herzens einen Menschen aufwecken aus dem Schlummer des Nichtseins?"

Aus dem 3. Akt:

HUBERT *dies und das Folgende wie im Fieberdelirium:* Aus, Rabanser, aus! – Gelaufen, gerannt, gehetzt! Furien an meinen Fersen! *Lacht grell auf.* Ihre Stimmen noch wirbeln auf meinem Trommelfell! –

RABANSER *grausam:* Wessen?

HUBERT: Ihre geschliffenen Blicke, wie Dolche, tanzen vor meinen Augen! Das war das Letzte!

RABANSER *wild erregt:* Wer oder was?! Subjekt, Prädikat!

HUBERT: Nein, nein, nein, nein! Nicht fragen! Ein Schuft, der sein Nest beschmutzt! Ein Nichts, aber kein Schuft! Almosen ich der Unlust an die Langeweile! Und als ich nicht mehr zu vermeiden war, sahen sie aneinander vorüber! Genug, genug, genug!

RABANSER *fast mit Triumph:* Genug auch mir! Es wird Licht über dem Chaos!

HUBERT: Wie zwei Mühlsteine zerreiben sie mich, seit ich denke! Sand geworden, hilflos unnützer Sand! Jeder Windstoß wirbelt mich auf, verbläst mich! *Aufklagend.* Sie haben mich nicht gewollt!!

RABANSER *mit wildem, grimmigem Auflachen:* Nicht gewollt!? Das sieht ihnen ähnlich!

HUBERT *jäh aufschnellend*: Lach nicht, Rabanser! Du s o l l s t nicht so lachen!

RABANSER *voll Haß:* Wie?! Mannsbilder, die zur Freite gehen, weil sie die Wirtshauskost ödet und das Waschweib bestiehlt?! Wie? Biedermänner, die den Familienkoller kriegen, weil sie der Hurenlohn reut und die Syphilis scheucht?!

HUBERT *angstvoll, niedergeschmettert:* Was soll das heißen?!

RABANSER *immer grimmiger:* Frauenzimmer, die sich zu Markte tragen, damit sie nicht ranzig werden und dem Bresthaus entgehen in ihren zahnlosen Jahren? Zuhälter bei Universalerbinnen! Kebsweiber bei schweißigen Versorgern und Verdienern?!

HUBERT: Rabanser!

RABANSER: Gesindel, das mit solcher Stirne Spottgeburten in die Welt setzt und über die Kinder der Lust den Schandfluch ausschüttet?! Wie?! Und ich soll nicht lachen?!

HUBERT: Lach, wie du willst! Nur hilf mir, ich bin am Ertrinken!

RABANSER: Was geht mich dieser Bankrott an? Soll i c h der Strohhalm sein?

HUBERT: Ich kehre nicht mehr zurück, woher ich gekommen!

RABANSER: Flucht? Und i c h dein Lehrer im Kneifen?

HUBERT: Noch bin ich nicht stark genug, noch muß ich weichen!

RABANSER: Ohne es ihnen zuerst ins Gesicht zu schreien?!

HUBERT *verzweifelt:* Ich k a n n nicht anklagen!

RABANSER *schneidend:* Warum?!

HUBERT *fassungslos:* Es sind ja doch – meine Eltern. *Wirft sich auf die Truhe.*

RABANSER *nach einer Stille, mit gesenkter Stimme:* Ach so! – Ich habe nicht gewußt, daß dieses Wort noch immer so viel Pathos für dich besitzt. Da kann ich bei meiner Verkommenheit nicht mitreden. Habe den Elternzauber nie selbst verkostet, bloß eben – ein – Findelbalg.

HUBERT *wieder gesammelter, aber in dumpfer Fiebrigkeit:* Rabanser! Zu keiner Seele noch hab´ ich von all dem gesprochen. Zu dir nur, dem ersten und letzten. – Es ist furchtbar, Rabanser, Fleisch vom Fleische zweier Menschen zu sein, die einander hassen! Mich selber hassen sie ja nicht. Nur die Stunde verfluchen sie, die sie in mir verkettete.

RABANSER *mit gebändigtem Grimm, vor*

sich hin: Als ob es ein Lottospiel wäre, einen Menschen zu machen und ihn hernach nicht scharmant zu finden!

HUBERT *immer zerrissener:* Verpfuscht, verkrüppelt fühlen sie sich in mir! Und ich – das grausame Widerspiel ihrer unversöhnlichen Kräfte in e i n e m Herzen! Muß man da nicht entzweigehn? Kann da ein Wille wachsen zu sicherem Tun? Jede Empfindung schon an der Quelle vermischt, jedes Wort selbst zerspalten in Ja und Nein! Dort k a n n ich nicht bleiben! Dort einen die Teile sich nie! Dort festigt sich niemals die Achse! Und haltlos kreise ich in Verzweiflung. Verstehst du mich j e t z t, Rabanser?

RABANSER *rauh, in sich arbeitend, verschlossen:* Nur weiter im Texte!

HUBERT: Aber befreit von ihrem Banne, der jede entschiedene Regung im Aufflug niederzwingt, werde auch ich mich sammeln! Was kann denn die Fremde Herberes drohen, als mißachtet zu werden von seinem eigenen Vater?! Und habe doch auch s e i n Blut in mir! Das wird sich schon aufwärtsringen. Davon genügt ein Tropfen, um Felsen vom Ort zu rücken! Aber dann, wenn es endlich vollbracht ist, wenn ich dastehen werde auf meinen eigenen starken Füßen, dann will ich es ihm schon weisen, dann wird auch e r sein Kind nicht mehr verleugnen!

RABANSER *nach einer kurzen Pause, mit etwas gesenkter Stimme:* Du träumst, Hubert! – *Wieder hart und gestrafft:* Aber der Augenblick i s t nicht zum Träumen. Wir müssen das Senkblei tiefer auf Grund lassen. Bloß um eine M e i n u n g über dich zu berichtigen, das lohnte den Salto mortale ins Fragliche nicht. – Auch i c h habe zu dir noch nie – von mir gesprochen.

HUBERT: O tu es, Rabanser! Ich bin ja so durstig nach einem Menschenwort!

RABANSER *mit immer wachsender innerer Erregung, die er nach außen durch Schärfe verbirgt:* Auch wenn ich mit – Messern rede?

HUBERT *erbangend:* Mit Messern? – M u ß denn das sein?

RABANSER *scharf:* Jawohl! Je schärfer, desto barmherziger! Mit Falzbeinen merzt man Geschwüre nicht. – Aufgepaßt! *Erst ein paar Schritte auf und ab, dann starr in gebändigter Erregung:* Als ich mit vierzehn Jahren aus dem Hause meiner Kindheit, dem – Waisenhaus, in diese Welt entlassen wurde, da hieß sie zunächst: die Straße. Man gibt dir zwar einen Vormund, aber was kümmerst du ihn, der dich nur kennt aus dem Wisch, ihm zugestellt wie ein Auftrag zur Zahlung der Steuer? – Allein! – Bist du jemals allein gewesen in deinem Leben?

HUBERT *dumpf:* So nicht.

RABANSER *immer erregter:* Ich glaub´ dir´s! – Nur Wüsten könnten es dir versinnbilden, was es heißt, s o allein zu sein. – Du ließest dich in den Strom gleiten, und kein Hund würde fragen, wohin du verkommen. Höchstens – ein Name würde gelöscht mit der Zeit in irgendeinem Register, ein Bündel Papiere ad acta gelegt. Nichts weiter. Fast drohend: Aber die Ungewollten d i e s e r Art – sind zäh!

HUBERT *betroffen, gepeinigt:* Sind sie das?

RABANSER: Zum mindesten hie und da – einer! Der will nicht Bierjunge werden, Cabskutscher oder Zuhälter! Hat die Hoffart im Blute, will Aufstieg, Geborgenheit – Bildung! Warum auch nicht?! Sie ist ja erhältlich, nur kuschen! – Armutszeugnis, Stipendium, Stundengehen! Da lernt man das Leben kennen! In dem sind Hunger und Frost noch gnädiger Rutenstreich. Doch die Entwürdigungen, das ewige Imverdachtstehn! Gerade daß sie dir nicht das Silberzeug vor der Nase wegräumen, wenn du ins Haus deines reichen Schülers zum Freitisch kommst! Da gehört schon eine Chimborassoportion – Güte dazu, um nicht bösartig zu werden oder zerbrochen!

HUBERT *mit einer Bewegung des Anteils, erschüttert:* Rabanser –

RABANSER *mit rauher Abwehr:* Kein Beileid, wenn ich bitten darf! *Scharf:* Nicht um Anteil für mich, nur um Klarheit für dich wirbt diese Geschichte. I c h – habe ja ein Gebiß bekommen, das Kieselsteine zermalmt! Aber du? Du Vater- und Mutterkind! Könntest du auch nur ähnliches auf dich nehmen?

HUBERT *in innerem Aufruhr:* Ich weiß nicht, mein Fall liegt anders, Rabanser!

RABANSER *immer überlegener:* Wohl liegt er anders. Denn was war d e i n Leben bisher?

HUBERT: Schlafen und Träumen vorerst, dann aber jäh Erwachen in einem Hause, das brennt! – Aber was geht es mich heute noch an? Ich werfe es hinter mich!

RABANSER: Wohl geht´s dich auch heute noch an! Denn – Gleiten war es von Landung zu Landung. Du bist kein Fahrzeug zum Rammen. Das w i r d man nicht über Nacht!

HUBERT: Woher soll ich Kraft nehmen, wenn niemand an mich glauben will?

RABANSER: Niemals ward an eine Kraft geglaubt, die noch nicht bewiesen! Drum sage ich: Bleib, wo du bist!

HUBERT: Das will und kann ich nicht!

RABANSER: Es lernt sich schon bei gedeckten Tischen und Lavendelbettzeug.

HUBERT *mit Auflehnung:* Das ist nicht alles!

RABANSER: Nicht alles, aber viel! Mehr, als du ahnst. Soll ich dir zeigen, wie viel es ist?

HUBERT *mit dem Ingrimm der Schwäche:* Du bist grausamer zu mir als – mein Vater!

RABANSER *wild:* Was gehen mich Väter an?!

HUBERT: Deine Überlegenheit willst du mich kosten lassen!

RABANSER: Das hab´ ich nicht nötig! – Soll ich dir zeigen, wie viel es ist?!

HUBERT *hitzig:* Tu, was du willst!

RABANSER *wild:* Das habe ich immer getan und k a n n , was ich will! – Augen und Ohren auf! Die Verheißung eines Zauberbudenausrufers sind Limonade gegen das, was i c h dir zu bieten habe! Ich stampfe mit dem Fuße und kreische: Hereinspaziert, Paradigma des Elends! Holla! Hereinspaziert, Phantom aus Jännernächten, wo man unter Brükken erfröre, wenn nicht ein Bettelstudent Ertränkungsabsichten hätte! Holla! Hereinspaziert, Gymnasiastendirne!

Taube ist von links zaghaft eingetreten und kommt langsam, mit lauschend seitlich hingeneigtem Gesicht, blaß, verweint und demütig in die Mitte des Verschlages, wo sie, den Blick auf Rabanser gerichtet, stehenbleibt.

RABANSER: Da hast du das Gaukelbild!

HUBERT *verwirrt:* Rabanser, wer ist –?

RABANSER *im Paroxismus des Selbstquälens auflachend:* Wer!? – Schaudert´s dich endlich? Schwindelt es dir vor diesem Kinoeffekt des unterirdischen Lebens?! Sieht sie nicht aus wie im siebenten Jahr eines Hungerkrieges? Fürcht dich doch nicht! Sie ist kein Gespenst! Sie leibt, lebt! Hat Blut in den Adern, wenn auch nur dünnes und fieberndes! Ist aber rosig wie Vogelblut und läßt sich auch husten!

HUBERT: Laß es genug sein, Rabanser!

RABANSER *immer grimmiger:* Noch lang nicht genug! Ich bin erst am Anfang! – Kind eines Bettelmusikanten,

Lautenschlägerin zu seiner winselnden Geige! Absammlerin mit dem Blechteller! Wenn aber die Kupfer nicht reichten für seinen täglichen Fusel, dann schlug er sie! Schlug sie auf den kleinen geduckten Rücken, auf die frostwunden Händchen, ins verweinte Gesicht! Schlug sie und schlug sie, bis er sie taub schlug! Darum nenn´ ich sie Taube! Ist dieses Wortspiel nicht zum Sterben komisch? Darf i c h mir den Scherz nicht erlauben? Hab´ ich das Püppchen nicht aufgelesen hart am Gefriertod? Ist sie deshalb ein Weibsbild, mit dem ich mich im Lotterbett wälze? Muß ich sie mir von Spürhunden besudeln lassen? Darf ich die Büttel, die sie mir rauben wollen, nicht über die Stiege werfen mit diesen meinen Armen?! *Mit erschöpfter Stimme, aber furchtbarer Drohung:* Und wenn sie wiederkommen mit ihren feisten, verschmitzten Fratzen – b i n ich Auswurf, so brauche ich auch die Waffen des Auswurfs! Es soll sich mir keiner nähern! *Er hat sich wie schützend vor Taube gestellt und steht nun wie einen Feind erwartend. Allmählich aber weicht diese Bereitschaft einer seelischen Erschöpfung. Die Arme sinken ihm herab, und er sieht aus, als wäre er stehenden Fußes in einen tiefen Schlaf verfallen.*

HUBERT, *in dessen Gesicht inzwischen die Ruhe dumpfer Entschlossenheit eingekehrt ist, auf ihn zu, behutsam:* Rabanser, wach auf! – Wach auf, Rabanser!

RABANSER *sich mit großer Energie allmählich sammelnd, mit müder und wunder Stimme:* Ich bin ja wach! – Bin ich etwa nicht wach? – Sollten meine Nerven ausgelassen haben? So dreh´ ich mir heut noch einen Strick aus ihnen und hänge mich auf an ihm. – Du bist in keiner guten Stunde gekommen, Hubert! Eigene Unbill macht hart gegen die Leiden anderer. – Verzeih mir!

HUBERT *verhalten:* Ich – kenne dich ja, Rabanser!

RABANSER: Und wenn du jetzt immer noch – Lust hast, zu dem, was du vorgehabt, so kannst du bei mir ja – bleiben. Dies – Rattenquartier beherbergt noch leicht einen Dritten. Anders kann i c h dir nicht helfen.

HUBERT *verloren:* Ich weiß es, Rabanser, und – brauch´ ja auch keine Hilfe mehr. Das war ja der – Gnadenstoß.

RABANSER *müde, abwesend:* Wem?

HUBERT: Wem? – Meinen Träumen.

RABANSER: Das ist gut, Hubert, die sind gar schlimme Verführer.

HUBERT: Dank – und leb wohl, Rabanser.

RABANSER: Auf – Wiedersehen.

HUBERT *bedeutsam, leise:* Wenn es ein Wiedersehen gibt –

RABANSER: Ja – w e n n !

Hubert geht langsam wie im Traume ab. Tiefe Stille, in der man Huberts Schritte auf der Treppe hört. Dann halten sie inne und gleich darauf ein langes, grelles, zerbrochenes Lachen von Huberts Stimme. Dann eilige, verhallende Schritte über die Treppe hinab.

RABANSER, *der noch dort steht, wo er von Hubert Abschied genommen, hat aus seiner Versunkenheit aufgehorcht:* Was war das? – Täuschung der wunden Sinne. – Nichts. *Er geht mit schleppendem Schritt zur Truhe und läßt sich nieder. Sein Blick fällt nun auf Taube, die ihm mit den Augen gefolgt war, ohne sich von ihrem Platze zu rühren. Ein wehmütiges Wiedererkennen geht über sein Gesicht, als würde er sich ihrer aus längst vergangenen Zeiten allmählich erinnern.* Wie sie mich ansieht mit ihren armen verängstigten Augen! *Er winkt ihr:* Zu mir her, Taube! –

TAUBE *kommt demütig-zögernd zu ihm und läßt sich zu seinen Füßen nieder, immer den Blick fragend zu ihm emporgerichtet.*

RABANSER: Der einzige Mensch, zu dem sich mein Herz in Fluten der Liebe ergießen könnte, und – hört meine Stimme nicht. Das paßt in meine Legende. Er streichelt ihr Haar. Willst du nicht schlafen, Taube? *Geste.*

TAUBE *den Kopf leise schüttelnd, mit großer Zärtlichkeit in der Stimme:* Ich bin nicht müde.

RABANSER *zu ihr gebeugt:* I c h schon! – Willst du nicht ein wenig essen? *Geste.*

TAUBE *wie früher:* Ich bin nicht hungrig.

RABANSER *mit ängstlich aufquellender Liebe:* Nicht schlafen? Nicht essen? Du vergehst mir ja, Liebes? Du darfst mir doch nicht vergehn! *Er drückt ihren Kopf wie schützend an sich.* Für wen denn sonst leb´ ich? Und leben will ich ja doch! Ich kann mich nicht unterkriegen lassen von dieser Schmierenkomödie! – Sie hört mich nicht. – *Wieder zu ihr gebeugt:* Es wird zwar nicht leicht sein, viel schwerer als früher. Es war ja schon Hoffnung. Und d i e haben sie mir versalzen – die Zöllner und Pharisäer! *Bei aller Gedämpftheit und Müdigkeit immer erregter und grimmiger:* Und wieder hungern! Hungern müssen! Das Wort verwürgen, das heilig die Zunge versengt, den Rücken krumm machen vor jedem genährten Lumpen!

Aus dem 5. Akt:

VATER *sich zwingend:* Rechten wir nicht darüber! Feilschen wir nicht um den Anteil an dieser Schuld!

RABANSER *überlegen:* Ich feilsche nicht! Lasse sie Ihnen ganz und gerne.

VATER *auffahrend, dann mit grimmiger Demut:* Gut, gut, gut! Ich löcke nicht wider den Stachel, mucke nicht gegen die Peitsche! Sie haben mich ja an der Kandare!

RABANSER: Nicht daß ich wüßte!

VATER: Doch, doch! Sie halten ja einen Schatz in Händen, um den ich bitten muß, demütig betteln bei einem –

RABANSER *schneidend:* Auswürfling!

VATER *hohnvoll, aber gebändigt:* Gott behüte! Eher zerbiß ich die Zunge, als daß ich dergleichen auch nur dächte! Ich muß mich ja mit Ihnen verhalten, und wenn ich ersticke!

RABANSER: Was wollen Sie!

VATER *mit unterdrücktem Flehen:* Den letzten Brief meines Kindes!

RABANSER *hart:* Der ihn schrieb, hat mich dazu nicht beauftragt.

VATER *wieder aufflammend und sich beherrschend:* Sie nehmen letztwillige Verfügungen genau! Ich – achte Sie darob. Ich habe Sie – immer geachtet! – Freilich, daß Sie ihr Mütchen kühlen an einem, der auf der Erde liegt – ! Aber nein, nein, nein! Ich wünsche mich bei Ihnen nicht unbeliebt zu machen! Es entglitt mir nur so. *Wieder fast demütig.* Geben Sie mir den Brief.

RABANSER *ungerührt:* Noch ist es nicht an der Zeit.

VATER: Noch nicht? Noch immer nicht? – Sie haben das Herz eines – ! *Sich wieder demütig machend.* Verzeihen Sie! Ich hatte nicht die Absicht, Sie zu beleidigen! Genügt Ihnen das? Nur sagen Sie, bitte, was stand in dem Brief? Sind Anklagen in ihm?

RABANSER: Wenn, der ihn schrieb, anzuklagen fähig gewesen wäre, er läge nicht auf der Bahre.

VATER *immer unbeherrschter:* Bündig gesprochen, junger Herr, knapp, logisch und unwidersprechbar. Er läge nicht auf der Bahre! Er nicht! Ein anderer vielleicht, das wollten Sie doch bedeuten?

RABANSER: Der Kampf, den wir kämpfen, fordert nicht Tod und Blut!

VATER *höhnisch:* Nicht Tod und Blut! Das d o c h nicht! Sehr gütig. Aber immerhin! Kampf! Von wem gegen wen?! War auch mein Sohn bei den Kämpfern?

RABANSER: Nein! Er hörte nicht die Stimmen der Ungeborenen. Er warf die Waffen weg, ehe er antrat.

VATER: Da haben Sie wohl recht! Die Stimmen der Ungeborenen hörte er nicht! Darin glich er mir wie ein Ei dem andern! Er war überhaupt ein wenig altmodisch, nicht ganz auf der Höhe, kaum so recht lebensfähig! Sie nannten sich seinen Freund und haben ihn nicht sonderlich geachtet!

RABANSER *stark, mit Betonung:* Ich baute nicht Türme auf seine Schultern und verfluchte ihn nicht, wenn sie stürzten!

VATER *immer ingrimmiger:* Ein gutes Wort, ein wahrhaft begnadetes Bild! Auf Alpha und Beta folgt Gamma! Kühl wie Eisblumen! Der Aphorismus eines Henkers! Allein – was war I h n e n dieser Mensch!? Aber die Liebe – nach meinem bescheidenen Dünken – die Liebe will bauen, will bilden nach ihrem Ebenbild! – Schlacken, junger Herr, Schlacken eines törichten Herzens! *Immer gewaltiger:* Liebe ist Willen zum Ich! – Verjährter, tyrannischer Wahn! Ich gebe es zu, ärgern Sie sich nicht daran! – Besonders wir Alten sind einmal so, wir Väter! Wollen uns fortsetzen in Fleisch und Blut! In Seele und Geist! Haben gequadert ein Leben lang, daß unser Sinn nicht Unsinn werde! Wollen Bestand, Veredlung, Erben!

RABANSER: Sklaven!

VATER *stark:* Sogar d a s ! Wenn es nicht anders geht! Sogar Sklaven! Alle Liebe ist Tyrannei! Aller Bestand ist Tyrannei! Er knechtet die Zeit! Die Jugend johlt: In tyrannos! Aber wir beugen sie!

RABANSER, *der Huberts Brief aus der Tasche genommen und entfaltet hat:* Die Toten bedürfen nicht meiner Stimme! Ihre erzenen Zungen läuten aus Gräbern!

VATER *aufschreiend:* Der Brief, Remigius, der Brief!

RABANSER *mit erhobener Stimme, lesend:* „Oh, wäre ich nie emporgetaucht an das Licht, das die Menschen beseligt! Mir war es kein süßes Licht! Die, deren Kind ich bin, haben mein Werden nicht gewollt! Ein Stolpern bin ich ihrer Lust, mehr nicht. Und als ich nicht mehr zu vermeiden war, sahen sie aneinander vorüber. Mein Leben war zwischen Fluch und Fluch! Was in mir des einen war, haßte der andre. So trete ich aus das giftige Unkraut, und den Frieden oder die Wahrheit vielleicht gebe ich Vater und Mutter." *Die Mutter ist aufschluchzend in den Stuhl am Schreibtisch gesunken, verbirgt ihr Gesicht in den Händen und verwächst mit Rosl, die zu ihren Füßen kniet, zu einem einzigen Dunklen.*

VATER *gefoltert:* Das schrieb – das schrieb mein Kind!! *Plötzlich rasend.* Ich bin nicht schuldig! *Auf die Mutter weisend.* S i e ist schuldig, das Weib ist schuldig! Mehr schuldig als ich!

RABANSER *überwältigend:* Schuldig von Anbeginn nur der Mann! Das Weib immer nur Werkzeug! Der das Kreuz hub auf seine Schultern, ein Mann! Die er tilgte, die Sünden von Männern!

VATER *außer sich:* Ich bin Ihnen nicht rechenschaftpflichtig! Wer gibt Ihnen Fug und Gewalt, zu richten?!

RABANSER *über ihn hinweg:* Nicht Richter ich, nicht Richter an Ihnen! Sie s i n d gerichtet! Nur die Stimme bin ich von Millionen Hingestorbener am Frevel der Zeugung! Und die Rufe der Ungeborenen wachsen aus mir zum Donner!

VATER: Geklapper, das ich nicht fürchte!

RABANSER: Vielleicht doch! *Mächtig, schneidend.* Wer hieß Sie die Mutter verachten in ihrem Kinde?! Wer hieß Sie das Weib, das Sie verachtet, zur Mutter machen?!

VATER *getroffen, stammelnd:* Dunst der Sinne, der ihre Seele mir deckte, nur die blanke Hüfte mir freigab!

RABANSER *über Raum und Zeit:* Sinne?! Sprecht i h r noch von S i n n e n ?! Längst der heilige Strom eurer Lenden zum knechtischen Rinnsal geworden, das eurer trüben Geschäfte Mühlen euch treibt! Längst der Weiser aus eurem Blut zur Rute geworden, die sicherer Gold als Quellen der Lust aufspürt! Im weiten Umkreis der Schöpfung nur i h r so entartet, Weiber zu trächtigen, derer ihr nicht begehrt! Und es geht doch um Menschen! Wundert es euch, wenn Gottes Ebenbild verpfuscht ist in ihnen? Wenn i h r sie belauert und sie euch vermeiden lernen?!

VATER *geschüttelt:* Posaunen! Ich höre Posaunen, Remigius! – *In jähem Erschaudern.* Ist denn niemand bei mir mehr, niemand? *Er läßt sich schwer am Tische rechts nieder.*

REMIGIUS *schmerzvoll, wie ein Echo aus dem Dunkeln:* Niemand!

Es ist seit Beginn der Szene, seit dem Verlöschen der Lampe, immer düsterer geworden auf der Vorderbühne. Nur von links durchs Fenster scheint noch stumpfgeisterhaftes Tageslicht herein, das auch immer mehr versiegt. Die Gestalten: Remigius, die Mutter, Rosl gehen immer mehr in Dunkelheit auf. Nur Rabansers Gestalt steht deutlich-schattenhaft unter dem Bogen hoch aufgerichtet.

RABANSER CHORAGETES
Magna cum miseratione
Wer darf solchen Herzens
Einen Menschen aufwecken
Aus dem Schlummer des Nichtseins?
Schläft er nicht in süßester Dämmernis
Angstverschont, notgefeit, wunschlos?
Schläft er nicht
Keimgeborgen, erdeneins, gotteins?

KAIN. Ein mythisches Gedicht.

Brief an Clementine Alberdingk vom 16. Dezember 1919:

Das Kaindrama hat mich seit dem Frühjahr so okkupiert, daß ich eigentlich weder Frühling, Sommer noch Herbst hatte. Am letzten November nun habe ich die Feder weggelegt [...] Es war eine Welt der teils beglückenden, teils quälenden Arbeit, wechselnde Gipfelpunkte geistigen Triumphes und tiefster Depression [...] Verse, für die mir im Grunde kein Hund Dank wissen wird [...][10]

Wildgans an Theodor Csokor (20. Februar 1920):

Ich arbeite am Kain und hoffe, ihn zu Ende zu bringen. Das heißt, ich muß mit ihm fertig werden, wenn ich auch vielleicht nicht das Letzte aus ihm herausholen kann [...][11]

Bei diesem Drama ging es Wildgans darum, den Zwiespalt im Menschen in den Gestalten von Abel, dem Träumer, der von Idealen erfüllt ist, und Kain, dem erdnahen Triebmenschen, darzustellen. Daneben versuchte er, die Einwirkung des Schicksalhaften und unerfaßbar Mystischen in das reale Leben deutlich zu machen.

„Kain" wurde am 4. Mai 1922 im Burgtheater aufgeführt. Robert Musil verfaßte dazu eine vernichtende Kritik: „Ich möchte nicht viele Worte über sein Stück

„Kain" machen. Dieses biblische Stück ist leer wie eine Gießkanne, auf der ein Beethoven bläst [...]"[12]

Der Kritiker der „Neuen Freien Presse" hingegen meinte: „Die Dichtung ist trotz des uralten Stoffes vom Geiste unserer Zeit durchhaucht und unter den modernen Bühnenwerken jedenfalls eines der bedeutendsten und gedankenreichsten [...] Die Novität fand zögernd einsetzenden und zum Schluß stürmischen Beifall. Wildgans mußte sich viele Male dem Publikum zeigen [...]"[13]

Die Kammerschauspielerin Elisabeth Epp veranstaltete 1977 und 1986 Lesungen des Dramas „Kain". Den von ihr mit tiefem Verständnis bearbeiteten Text sprachen hervorragende Schauspieler. Die Zuhörerschaft war tief beeindruckt.

Elisabeth Epp
Impressionen zu Anton Wildgans´ „Kain"

In „Wildgans´ Kain" ist das Bild einer bereits fertigen sozialen Welt gezeichnet: Ackerbau und Viehzucht – eine Familie – über die eine göttliche Macht herrscht, unsichtbar, unantastbar, unanzweifelbar und der man Opfer zu bringen hat. Die Eltern, wie Hohe Priester, verwahren das Gesetz. Die kennen ein Geheimnis, aber geben es nicht preis. Sie verteilen die Güter nach ihrer Einsicht. Sie bestimmen, was Gut oder Böse ist. Warum ist Abel, der zweitgeborene Sohn, der Liebling der Eltern, der Götter, und warum ihre haßerfüllte Abneigung gegenüber Kain?

Die erste Szene zeigt, welche Auswirkung diese elterliche Haltung auf die Beziehung der Brüder zueinander hat. Hier stehen sich zwei Menschen gegenüber, die nebeneinander nicht existieren können. Abel erkennt die kosmischen Zusammenhänge, die kosmische Ordnung und nennt sie Gott.

„Urkraft, die stromgleich aller Säfte Lauf
Durstig in sich nimmt! Quellen, Steigendes,
Aus Gras und Kräutern!"

In diese kosmische Ordnung fügt sich das Leben des Menschen ein. Bei Mircea Eliade lesen wir: „Es gilt die Grunderfahrungen der Sakralität des Himmels und der himmlischen und atmosphärischen Erscheinungen zu berücksichtigen. Denn dies ist eine der wenigen Erfahrungen in denen sich Transzendenz und Herrlichkeit ungebrochen offenbaren." Aber Kain kann diese Ordnung nicht anerkennen, denn wer anerkennt Kain? Wendet nicht selbst jener Gott sich von ihm ab, verschmäht sein Opfer aus Feldfrüchten, während er Abels Tieropfer gnädigst entgegennimmt? Und wieviel schmerzliche Bitterkeit liegt in seiner Antwort auf Abels Frage, warum dieses sei:

Mein Schopf, weil er nicht falb, erbost den Gott!
Mein Schlangenblick, mein Hengstgebrüll, mein Gang,
Der mehr ein Bullenschritt als eines Pfaus!
Weiß ich, was ihm genehm und mir verhaßt?

Wenn Abel das Prinzip der Ordnung ist, dann ist Kain dessen Gegenteil, das

Chaos. Das Chaos empört sich gegen die Ordnung. Kain empört sich gegen seinen Bruder, indirekt gegen die Eltern, die die Herden dem Abel und das Feld dem Kain gegeben haben. Er wünscht nun beides zu besitzen. Er sucht den Kampf, vertraut auf seine körperliche Stärke, doch Abel fordert ihn heraus und siegt. Die Ordnung siegt über das Chaos.

Die zweite Szene des Dramas war mir stets am schmerzlichsten. Wie Adam und Eva mit ihrem Schicksal nicht fertig werden, wie sie nicht bereit sind, dafür einzustehen. Wie einerseits das Wunschkind Abel eine Zukunft zu verheißen scheint, die ihnen das verlorene Paradies vielleicht ersetzen kann, und andererseits Kain für sie der Satan ist, die Sünde, der „Sohn, den die Schlange riet". Er ist für sie die Personifikation ihrer Schuld. Wie liebevoll wird Abel von Mutter und Vater bei seiner Heimkehr empfangen, und was für eine gnadenlose Kälte und Härte umgibt Kain. Für sie ist er nur ein Tier, wie er es ihnen in dieser Szene selbst entgegenschreit:

Wohl eines Tiers! Lasttiers, dem das Joch
Verdammten Daseins das Genick zermalmt!
Wohl eines Tiers, zum Keuchen, Schleppen gut
Und gut für Worte, die wie Geißeln sind!

Und wie die Eltern hat sich auch der nie gesehene, nie gehörte, von Eltern und Bruder gefürchtete und verehrte Gott von ihm gewendet. Kain ist allein. Verzweifelt ringt er um Antwort auf seine Fragen. Adam weicht den Fragen aus, leugnet Vergangenes, von Kain geahnt. Das Schweigen der Eltern ist zu verstehen aus ihrer Erkenntnis, daß Wissen zu einer generellen Umstrukturierung des Lebens führt, wie sie es an sich erfahren haben. Ihr eigenes Leben wurde durch die Frucht des Baums der Erkenntnis – durch Wissen also – zerstört. Dieses Schicksal soll ihren Kindern erspart bleiben. Kain aber sucht nach Erkenntnis. Sein Wissensdrang hat etwas Luziferisches. Und er möchte sein wie Abel. Er möchte teilhaben an der Liebe der Eltern. Das Chaos sucht die Ordnung.

Aber jeder Versuch der Annäherung scheitert an der Person des Abel. Abel muß weg. Kain muß den Abel töten, will er sein Ziel, geliebt zu werden, erreichen. Kain hat in der Einsamkeit seines Lebens viel über den Tod und das Töten nachgedacht, aber es waren nicht die Gedanken eines Mörders, sondern die Gedanken eines Jägers:

An Elch und Eber, Bären, Ur und Leu
Hat meine Axt geprüft was Leben ist,
Und fand ein schwächlich Ding, das rasch ersäuft
In einer Pfütze Bluts!
Nur wo´s mich feindlich angeht, hau ich zu.
Nicht Wollust! Eher Gram, daß Wehrens Not,
Damit man selber lebe, Töten heischt!

Kain tötet den Abel nicht um der äußeren Macht willen. Er glaubt durch Abels Tod nicht nur die Herden zu besitzen, sondern vor allem Abels ganzes Selbst, seinen Geist, die heitere Unbeschwertheit, das der Natur verbundene tiefe Gefühl der Ganzheit, der Selbstverständlichkeit, der Zusammenhänge aller Erscheinungen und Dinge. Hier spielt die „mystische Solidarität zwischen Jäger und Opfer" eine Rolle. Und glaubt er nicht zu sein wie Abel, wenn er vier Tage nach der Tat zur Mutter kommt? Bis zu den Worten: „Noch immer nicht genug, was Kain vollbracht?! Wie diese Erze schmelze ich?" Aber Kain hat auch Gott herausgefordert. Er will dem Gesetz entgegentreten, das besagt, daß nur Gott den Menschen töten kann.

In dies Gesetz, wenns eines ist, bricht
Kain,
Der Werwolf ein und reißt´s in Fetzen!
Gott zum Hohn!

Also tritt Kain auch gegen Gott an. Abels Tod soll beweisen, daß es Gott nicht gibt, da er, der Mensch, den Menschen töten konnte. Vier Tage sucht er Gott in jenen Höhen, dort „Wo Gott mit allen Engeln rastet", und findet ihn nicht. . . . Da er Abel töten konnte, gibt es Ihn also nicht.

Aber Gott sieht man nicht, und sein Gesetz zu übertreten ist unmöglich. Denn das göttliche Gesetz lebt im Menschen, auch im Kain. Die Schuld wird zur Strafe! Die unsichtbaren Kräfte der Natur verfolgen den flüchtenden Mörder Kain. Dadurch verstört, von der Mutter zurückgewiesen, demütigt er sich noch einmal, indem er den Vater um den Tod bittet, als dieser ihn mit der Axt bedroht. Dann ist Kain frei von allen Bindungen. Er schlug den „einen" tot der zuviel war. Jetzt ist Kain der Herr der Welt. Was aber wird aus einer Welt in der „Transzendenz und Herrlichkeit", die sich nicht mehr offenbaren kann, da die Stimme Abels zum Schweigen gebracht wurde? Denn Chaos und Ordnung sind nicht zu vereinen.

In der letzten Szene spricht der Dichter des 20. Jahrhunderts. Aus dem Erlebnis des Ersten Weltkriegs und seiner Folgen steigt die Vision des Kommenden auf. Wir, die wir die Jahre seitdem erlebten, wir wissen, wie gefährdet Abel ist, der uns immer wieder geschenkt wird, den wir so sehnsüchtig erwarten und brauchen, und daß wir den kleinsten Schimmer von ihm hüten und beschützen müssen vor Kain, der unerkannt und mächtig diese Erde beherrschen möchte.

Der Epiker

Auf dem epischen Gebiet schuf Wildgans zwei bedeutende Werke. Das eine ist die „Musik der Kindheit". Das andere, wohl sein episches Hauptwerk, ist das satirische Versepos „Kirbisch".

MUSIK DER KINDHEIT.

Es ist ein Erinnerungsbuch, eine lyrisch durchsetzte Selbstbiographie, deren Gegenstand die Jugendjahre in Wien sind. Die liebevolle Darstellung gehört zum Schönsten, was über Wien um 1900 geschrieben wurde. Wildgans erhielt für die „Musik der Kindheit" 1928 den Preis der Stadt Wien. Der Autor bezeichnet die „Musik der Kindheit" als „Heimatbuch aus Wien". Schon der erste Satz ist charakteristisch: Ich bin dort geboren, wo damals noch viel Himmel war.

Aus dem umfangreichen Werk werden drei Abschnitte ausgewählt:

1. Die „Josefstadt" und die damalige Lastenstraße
2. Karsamstag und Fronleichnam im damals kaiserlichen Wien
3. Die Jugendfreundschaft

Sie zeigen einerseits die Kunst des Dichters, Vergangenheit wieder lebendig zu machen, überhaucht von verklärender Wehmut, und andererseits das Bild einer versunkenen Welt, die einmal Wien war. Der Vergleich mit dem Wien am Ende jenes Jahrhunderts, an dessen Anfang der Dichter und Liebhaber der Stadt lebte, drängt sich dem Leser geradezu auf.

DIE JOSEFSTADT

War nun auch die Josefstadt, in der ich Kind war, nicht mehr jene, von der aus man, grünes Gelände überblickend, die Festungswälle, das vielgiebelige Dachgedränge und in scheinbar engstem Nebeneinander die Türme der Inneren Stadt frei vor sich aufragen sah, so war sie doch ein Stück vorgroßstädtischer Zeit voll altmodischer Traulichkeit, voll der Beredtheit von Versunkenem und belebt von solcher Stimmung, als hätte die neue Zeit, als sie auch durch *ihre* abseitigen Gassen und Gäßchen schritt, es lächelnd auf ein nächstes Mal verschoben, hier gründlich Wandel zu schaffen. Und wenn heute der Mann nach soundso vielen Jahren die alten Gassen aufsucht, durch die er zur Schule gegangen, wenn er zu den Fenstern emporschaut, hinter deren Scheiben sich so viel eigenes Schicksal vollzogen hat, so will es ihm ein Glück scheinen, sagen zu dürfen, daß sich in jenen Gassen nur wenig, aber an den Wohnhäusern seiner Kindheit und Jugend fast gar nichts geändert hat. Und nahezu derselbe ist seit damals der Straßenzug geblieben, der sich von den Gründen der ehemaligen Alserkaserne bis zum Getreidemarkt erstreckt. Mag er heute auch in seinen einzelnen Abschnitten anders benannt sein als damals, die schmalen, dunkelumgitterten Vorgärten sind noch immer den grauen, durch weiße Fensterrahmen so freundlich belebten Fassaden der alten Bürger- und Adelshäuser vornehm-gemütlich vorgelagert, immer noch hält der ernste Bau des frühen Militärgeographischen Instituts sein Wahrzeichen, den goldenen Globus, empor, und das Landesgericht in Strafsachen, das sogenannte „Graue Haus", steht heute wie einst mit seinen düsteren, langhinlastenden Festungsmauern wie eine Zwingburg der Gerechtigkeit an der Einmündung der Alserstraße. Nur die Platanen in seinem Vorgarten sind seither zu Riesenbäumen herangewachsen, deren Wipfel zu den Dachzinnen des gewaltigen Gebäudes emporreichen. Dieser Straßenzug nun, den heute die elektrische Straßenbahn durchsaust, hieß in meiner Kindheit kurzweg und sehr bezeichnend: die Lastenstraße. An ihr habe ich meine Jugend verbracht, und *sie* war es, die mir die Josefstadt so recht und eigentlich zur Heimat gemacht hat.

Wenn wir Heimat sagen, so sehen wir im Geiste und fühlen wir im Herzen – ob wir auch seit Geschlechtern der Großstadt angehören – doch immer noch Land und Erde: ein Dorf um alte Linden herum im Tal, ein einsames Gehöft auf sonnseitiger Lehne im Gebirge, die Kleinstadt am schmalen, holzüberbrückten Flusse, einen spitzen Kirchturm, am Rande der Ebene wahrzeichenhaft emporragend, zarte Hügelbläue am Horizont, und zwischen Ferne und Ferne die Landstraße! Von der Großstadt als Heimat redet eigentlich nur der amtliche Sprachgebrauch. Ist dies deshalb so, weil es mit dem Großstädtertum der meisten Großstadtmenschen nicht allzuweit, nicht allzulang her ist? Oder ist jene Sprache, die Land denkt, wenn sie Heimat sagt, die Sehnsuchtssprache des Blutes, das wir von bäuerlichen oder kleinbürgerlichen Vorfahren in uns haben? Es mag schon etwas zutiefst Richtiges daran sein, daß man bei Großstadt nicht an Heimat denkt. Hausen wir denn in ihr noch auf der alten, lieben, wohlgegründeten Erde? Sind wir in ihren Zinskasernen nicht neben-, unter- und übereinandergepfercht und von der Erde weggeschachtelt wie in Käfigen? Ist uns der Himmel, sind uns Aufgang und Untergang nicht verbaut? Und was in der Großstadt unsere Füße treten, hat es noch etwas Gemeinsames mit dem Stoffe, der Keime treibt und Quellen birgt? Sind es nicht sohlenschmerzende Panzerungen aus Granit oder Asphalt? Und dennoch kann auch die Großstadt Heimat sein, wenn auch freilich mit der unterbewußten Beziehung auf Umgebung, auf Land und Erde. Und eben diese Beziehung war es, welche die Lastenstraße damals noch herstellte. Denn sie war in der Zeit, als Wien nur erst zehn Bezirke hatte, doch noch eine Art Peripherie um den historischen Kern der Stadt herum und als solche voll des buntesten, weitschichtigsten und unstädtischesten Lebens, voll Romantik, Idylle und Fernzügigkeit. Mit einem Wort, die Lastenstraße war noch – eine Landstraße.

Landstraße – und dennoch Lastenstraße! Eine Zeile schütternden, klirrenden, ratternden Pflasters und wolkentreibenden Staubes im Sommer, eine Zeile gedämpfteren Dröhnens und zu Kot zerfahrenen Schnees im Winter! Da stampfen und dampfen die schweren Pferde, die in messingfunkelnden Kummeten Lasten von Ziegeln, Bauholz und Eisen ziehen. Mit schwarzen Ohrenklappen kauern die Fuhrwerker hart an den Kruppen ihrer Tiere. Die durchfrorenen Körper begehren nach Erwärmung. Die Straße wimmelt von sogenannten Budiken. „Likör, Rum, Spirituosen" lockt über exotisch bemalten Schildern die Aufschrift an allen Ecken und Enden. Zerlumpte Kotzen den

Pferden über die Rücken geworfen, den hölzernen Hafertrog ihren schnaubenden Nüstern vorgehängt! Da stehen sie dann am Rande der Straße, unbeaufsichtigt, oft stundenlang. Drinnen aber, im Tabak- und Fuseldunst beleben sich erstarrte Glieder, und wenn es lange dauert, verglast der Blick des Durstigen. Leichteres Fuhrwerk hält vor uralten Einkehrgasthäusern. „Zum alten Paradeisgartl", „Zum Fürsten Auersperg" heißen sie heute noch. Der Zwiebelgeruch ihrer billigen Speisen, ein modriges Mischarom von Bier- und Weinschank dringt aus ihren Lokalen auf die Straße heraus.

Aber nur vereinzelte Tropfen gibt der ewigfließende Strom des Verkehres an die Herbergen ab. Er selbst, mit Hüh und Hott, mit Flüchen und Peitschenknallen, fließt weiter. Da schwanken Heuwagen heran, mächtig geladen, und mengen in den Brodem von Staub, Pfeifenrauch und Pferdemist für Augenblicke den zarten, welken Duft frischgemähter Wiesen. Rinder, in Herden getrieben, kommen brüllend, zwei und zwei jochverbunden, von zottigen Fleischerhunden umsprungen und umbellt, auf dem Wege zum Schlachthaus. Vornehmer geben´s die Schweine: in geräumigen Stallwagen fahren sie, Rücken an Rücken gepfercht. Das Getöse der Straße übertönt ihr vielstimmiges Quieken und Grunzen. Und dem Lebendigen begegnet, vom Metzger zurückgefahren, das Tote: Kälber, auf Streifwagen querüber geschichtet. Auf der einen Seite, Ohr an Ohr, die schlaffhängenden, aus glasigen Augen starrenden Köpfe; über den anderen Wagenrand herunter, Paar an Paar, die gefesselten Hinterbeine. Schmeißfliegen wechseln von den schaukelnden Rücken eiliger Pferde auf die blutrünstigen Tierleiber. Vorbei! Und immer wieder neues Her und Hin, unermüdlich, ununterbrochen, unerschöpflich.

Wie der Schiffer nach dem Stande der Sterne des Nachts, wie der Landmann nach Richtung und Länge der Schatten am Tage die Stunde bestimmt, so gab es auch hier auf dieser Land-, auf dieser Lastenstraße in der flutenden Flucht zufällig wechselnden Vorübers das Fixsternhafte, das unbeirrbar zur selben Stunde wie Ebbe und Flut Wiederkehrende. Alltäglich um Schlag zwölf Uhr mittags stieg auf dem Dache des Geographischen Institutes am eisernen Maste die goldene Kugel empor, verharrte einige Sekunden in ihrem Zenit und sank wieder: das Mittagszeichen. Zur selben Minute wurde vor dem Haupttor des Landesgerichtes die Justizwache mit militärischem Zeremoniell abgelöst, und ein Hofwagen mit Offizieren der ungarischen Leibgarde fuhr aus dem Palais nächst dem Weghuberpark zum Dienste in die Hofburg. Eine Abteilung Burggendarmerie überquerte täglich zur selben Stunde die Lastenstraße in der Gegend der kaiserlichen Stallungen, ein Zug hellebardenbewehrter Arcierengarde in roten, goldverschnürten Waffenröcken und mit weißen Roßschweifen auf den Silberhelmen begegnete ihr täglich an derselben Stelle. Dazu kam noch mit fast ebensolcher Regelmäßigkeit alles andere Militär. Regimenterweise, mit klingendem Spiel, marschierte es von den Übungen auf den Praterwiesen zur Alserkaserne: Infanterie, österreichische und ungarische, Landwehr, Kaiserjäger und, mit phantastischen Meßgeräten, Genietruppen und Pioniere. Und nicht nur die lebendigen Soldaten nahmen ihren Weg über die Lastenstraße, sondern auch die toten. Bei der damaligen Größe der Wiener Garnison gab es nicht allzu viele Tage im Jahr, an denen *kein* militärisches Begräbnis stattgefunden hätte, und die meisten dieser Trauerkondukte gingen von der Votivkirche oder von der evangelischen Garnisonskirche in der Schwarzspanierstraße aus und lösten sich vor dem Landesgericht auf. Dort nahm die Suite der Offiziere auf der Stadtseite der Lastenstraße Aufstellung, während die Regimentsmusik und Ehrenkompanie auf der Josefstädter Seite Front machten. Und dann, während der Sargwagen langsam vorüberfuhr, erklangen in die atemlose Stille dieser Zeremonie Kommandorufe, Gewehrgriffe und der Donnerschlag der Generaldecharge. Da flatterten von allen Gesimsen und Dächern aufgeschreckte Schwärme von Tauben auf, leichter, bläulicher Pulverrauch wölkte und verzog sich, die Fahne senkte sich, und aus dem knatternden Wirbel der Trommeln empor erhob sich als das stärkste Symbol jenes unvergeßlichen Vaterlandes der Kindheit in herrlich genauem Zusammenklang der Instrumente mächtig, feierlich und immer wieder erschütternd die begnadete Melodie des „Gott erhalte“.

Dieses nun, diese Zeile der Lebendigen und Toten, die aus Ebenen über dröhnende Strombrücken kam, um eine kurze Weile an Palästen und Gefängnissen vorüberzuziehen und sich dann wieder aus dem Gewirre der Häuser, aus Staub, Rauch und Ruß in grüne, windatmende Fernen zu verlieren, dieser brausende Fasching des Lebens, der helmeblitzenden Macht, des Güterförderns und -umsatzes und zugleich dieser ewige Aschermittwoch des keuchenden, schwitzenden, fluchenden, frierenden Alltags, diese Heerstraße, Landstraße und dennoch Großstadtstraße war in meiner Jugend die Lastenstraße, und von ihr aus führten damals und führen unverändert auch heute noch sieben schmale Gasseneingänge zwischen Vorgärten hindurch in den eigentlichen Bereich meiner Heimat, in die Josefstadt.

KARSAMSTAG IN WIEN

Am Karsamstag pflegte mich mein Vater bereits um drei Uhr nachmittags auf den äußeren Burgplatz zu führen, und wenn die Ostern in den späteren Frühling fielen, so ward schon dieser Platz als solcher zum unvergeßlichen Erlebnis. Tausende von roten Blütenkerzen brannten auf den grüngoldenen Kronleuchtern der Kastanienallee, die dieses mächtige Gevierte von Rasenflächen und Kiesplätzen umstehen; in überschwenglicher Fülle blühte und blüht dort auch heute noch der Flieder; durch die goldenen Lanzenspitzen des Volksgartengitters drängten Goldregen und andere wohlriechende Frühlingssträucher, und Hunderte von feiertäglich gestimmten und gekleideten Menschen, über deren Gruppen die roten, blauen und grünen Luftballons der Kinder wie lustige Heiligenscheine schwebten, verwandelten den zartübersonnten und nach junger Erde duftenden Platz in eine einzig große Festwiese. Über allen Häuptern aber schienen die beiden schwarzen Reitergestalten des Erzherzogs Karl mit der Fahne von Aspern und des Prinzen Eugenius aufeinander zuzusprengen.

Um Schlag vier, wenn die Uhr im inneren Burghof das Zeichen gab und die Türme des Rathauses, der Minoriten, von St. Michael und von den Augustinern feierlich Antwort geklungen hatten, begann dann die Auferstehungszeremonie in der Hofburgkapelle; die Ehrenkompanie, die beim Denkmal des Napoleonbezwingers in Paradeuniform mit Eichenlaub auf den Tschakos aufgestellt war, gab auf Signale, die sie aus einem Fenster der Hofburg empfing, zu den Höhepunkten der heiligen Handlung Generaldechargen ab, und die unzähligen Hunde aller Rassen und Größen, welche die Rasenfläche des Heldenplatzes schon damals mit ihrem kunterbunten Liebesleben zu bevölkern pflegten, quittierten diese Gewehrsalven mit einem vielstimmigen Gebelle und Geheule. Um fünf Uhr war dann die Zeremonie in der Hofburg vorüber, und es begann – worum all die Hunderte stundenlang gewartet hatten – die eigentliche Sehenswürdigkeit dieses Nachmittags: der Abmarsch der Truppen und die Abfahrt der Wagen. Beide erfolgten über die breite Avenue, welche die Hofburg mit dem äußeren Burgtore verbindet. Regiment um Regiment zog da mit klingendem Spiele vorüber; das Pflaster dröhnte vom Paradeschritt der Bataillone, und der Schnarrposten beim äußeren Burgtor rief immer wieder mit seinem langgezogenen „Gewehr heraus!" die Wache zur Ehrenbezeigung für die vorübergetragenen Fahnen auf. Dann, nachdem der Heerbann abgezogen war, vollzog sich die Abfahrt der Wagen. Es waren dies vor allem die Galakarossen des hohen Adels. Sechsspännig und von edelstem Zuchtblut gezogen, bewegten sich die schweren und pompösen Fahrzeuge mit ohrenbetäubendem Gerassel den Hofstallungen zu. Ein gutes Stück altösterreichischer Geschichte rollte da vorüber und lebte für Augenblicke in den Namen auf, die in der schauenden Menge von Mund zu Mund gingen. Da waren, nebst nicht minder vertrauten ungarischen Geschlechtern, die österreichischen und böhmischen der Auersperge und der Liechtensteins, der Trauttmansdorffs und Clam-Gallas´, und der Wiener von damals erkannte sie bereits an den Wappenfarben, in denen die Pferde geschirrt und die Wagen verziert waren. Auf weit ausladenden Federungen wie zur Zeit der Postkutsche schaukelten die Glaskasten der Karossen, in denen die Mitglieder jener Familien als goldstrotzende Hofwürdenträger oder Generale saßen. Spanisch livrierte Kutscher zügelten die glatt und üppig in ihrem funkelnden Gurtenwerk tänzelnden Rosse, und auf den Lakaientritten standen buntuniformierte Heiducken mit weißen Perücken und Kopfbedeckungen wie aus den Tagen des Prinzen Eugen. Wenn die Vorbeifahrt der Wagen vollendet war, folgte zum Schlusse der Abzug der Burggendarmerie und der Garden; rasch löste sich das Menschenspalier auf, der äußere Burgplatz leerte sich, und was noch Füße hatte, zu gehen und zu stehen, begab sich auf dem kürzesten Wege zu St. Stephan, wo um sechs Uhr die „Bummerin", die aus dem Erze der eroberten Türkenkanonen gegossene Riesenglocke – die damals nur dieses eine Mal im Jahre angeschlagen wurde –, die Auferstehung des Herrn einläutete.

Dies waren die Ostern im Wien meiner Kindheit, und so wurden sie noch begangen bis in die ersten Jahre des Weltkrieges hinein. Ihnen folgten, ehe es in die Ferien ging, nur mehr die Pfingsten mit den geschmückten Wagen der Firmungswochen, der Blumenkorso der eleganten Welt in den Prater, die Frühlingsparade der Wiener Garnison vor dem obersten Kriegsherrn auf der Schmelz und, als letzte und imposanteste Entfaltung monarchischer und sakraler Pracht, der Fronleichnamsumgang in der Inneren Stadt, und nur noch von ihm will ich erzählen.

FRONLEICHNAM

Fronleichnam, das Fest der Eucharistie, bei dem die wunderbare Verwandlung des Brotes und Weines in den Leib und das Blut Jesu Christi von den Gläubigen der katholischen Kirche verehrt wird, erhielt damals seinen besonderen Glanz dadurch, daß die Apostolische Majestät in eigener geheiligter Person im Triumphzuge des Allerheiligsten einherschritt. An diesem Tage war daher – wofern er von schöner Witterung, die man Kaiserwetter nannte, begünstigt war – ganz Wien vom frühesten Morgen an auf den Beinen und strömte, sonntäglich gekleidet, aus allen Vorstädten und Umgebungen der Inneren Stadt zu, um sich dort an geeigneten Plätzen in dichten, von Truppen eingedämmten Spalieren aufzustellen. Dieses Wandern und Treiben pflegte bereits mit Sonnenaufgang zu beginnen; denn schon um Punkt sechs Uhr fuhr der Kaiser im zwölfspännigen, von milchweißen Lipizzanern gezogenen Hofgalawagen von der Burg nach St. Stephan, wo zunächst ein feierliches Hochamt zelebriert wurde. Währenddessen besetzte ein Publikum aus den vornehmen oder doch wohlhabenden Kreisen Wiens (aber auch der Provinzen und des Auslandes!) sämtliche Plätze an den Fenstern, welche auf die von den Heidentürmen überragte Westfront der Kathedrale herabsehen. Bis in die obersten Stockwerke blühte da ein verschwenderischer Flor von hellen, zarten Frühlingsfarben duftiger Toiletten in den Hunderten von weißen Rahmen, als quöllen allenthalben Blumen aus den grauen Fassaden, und dies übrigens nicht nur auf dem Stephansplatz, sondern in allen Straßen, durch welche die Prozession ihren Weg nehmen mußte. Es war ein entzückender und unvergeßlicher Anblick!

Etwa um sieben Uhr wurden dann die ersten Kirchenfahnen unter Orgelklang und großem Geläute aller Glokken in dem dunklen, spitzbogigen Ausschnitte des Riesentores sichtbar, und der Zug, von den Abordnungen sämtlicher Wiener Pfarren eröffnet, bewegte sich über den Stock-im-Eisen-Platz in die Kärntnerstraße, um durch die Augustinerstraße auf den Michaelerplatz und von dort über den Kohlmarkt und Graben wieder zur Metropolitankirche zu gelangen. Wobei seine Ausdehnung so gewaltig war, daß, wenn die letzten der Prozession den Dom verlassen hatten, sich deren Spitze ihm bereits wieder näherte. Ihrer genauen Ordnung und Reihenfolge kann ich mich nicht mehr erinnern; aber der Gesamteindruck, daß der Fronleichnamsumgang von damals dem Aufgebote aller weltlichen und geistlichen Machtsymbole des Habsburgerstaates gleichkam, ist mir geblieben. Jedoch auch die Vergangenheit schritt in ihm einher. Die Weltreichepoche des Erzhauses war durch den spanischen Pomp der Hofwürdenträger und -chargen, die teils zu Pferd und teils zu Fuß an der Zeremonie teilnahmen, angedeutet. Das Mittelalter schien durch die vielen Mönchs- und Priesterorden vertreten, deren Mitglieder in schwarzen, braunen und weißen Habiten, den Blick nach innen gerichtet und demütig gesenkten Hauptes, paarweise vorüberzogen; die Gegenwart aber kam durch alle jene zu Wort, die, zumeist in irgendeiner Form am Imperium des Staates teilnehmend, durch inländisch-weltliche Orden ausgezeichnet waren. Ihre ernsten goldbetreßten Galauniformen oder Hofkleider wetteiferten allerdings vergeblich mit dem bei weitem farbenfreudigeren Prunk, den die Angehörigen der bewaffneten Macht zu entfalten vermochten; und der Wiener Gemeinderat, dem der Bürgermeister und die Vizebürgermeister mit ihren goldenen Halsketten voranschritten, bildete mit den schmucklosen bürgerlichen Festkleidern der Stadtväter ein für damals fast allzu schlichtes Glied in der ununterbrochenen Kette prächtigen Vorüberwallens.

Indessen, all dies war bloß die Einleitung und Vorbereitung des Eigentlichen! Wer, wie ich dies zu tun pflegte, die Prozession etwa in der damals noch viel engeren Zeile des Kohlmarktes erwartete, der ließ diesen ersten Teil auch noch mit einer gewissen Gelassenheit an sich vorüberziehen. Erst wenn vom Altare auf dem Michaelerplatz her die Generaldecharge als Ehrenbezeigung für das Evangelium aufgedonnert hatte, wußte er, daß sich der Höhepunkt des Schauspieles ihm nähere. Denn da brach dort zu den Klängen des Tedeums ein solcher Jubel von Fanfaren aus, wie er nur dem Göttlichen, das heute in Gestalt des heiligen Schaubrotes durch die Straßen getragen wurde, gelten konnte. Und da ging auch schon ein Ruck mehr oder minder frommer Neugierde durch die wartend zusammengepferchte Menge; die Offiziere kommandierten den spalierbildenden Soldaten „Habt acht!“, so daß sie dastanden wie in Erz gegossen, und in der Gegend der Manz´schen Hof- und Universitätsbuchhandlung wurde, über die entblößten Häupter Tausender hinweg, das schwankende Dach des „Himmels“ sichtbar. Schon nahte jetzt der gedämpfte Taktschritt der Ehrenkompanie, die in funkelnagelneuer Paradeadjustierung und prachtvoller Haltung einhertrat, schon folgten ihr die Choralmusik, von Posaunen geblasen, das Domkapitel von St. Stephan, viele purpurne Kirchenfahnen und der silberne Dreiklang der Ministrantenglöcklein! Dann aber – von vielen Priestern in goldenen Dalmatiken umdient, von Garden mit gezogenen Säbeln und Hofbediensteten mit brennenden Wachskerzen geleitet – nahte in einer Wolke aus Kerzenduft und Weihrauch der Baldachin, unter dem der Kardinal-Fürsterzbischof von Wien im goldenen Pluviale, das Allerheiligste in damastumhüllten Händen vor sich hertragend, dahinschritt. Dem Venerabile aber folgte unmittelbar und in einem ausgesparten Raume allein – angetan mit der Marschallsuniform, den grünbefederten Generalshut in der Linken am Griffe des Säbels – der Kaiser. Ihm schlossen sich in ehrerbietigem Abstande die Mitglieder der österreichischen und der mit Ungarn gemeinsamen Regierung an, ferner die Generalität, die Mitglieder der hohen deutschen, magyarischen, böhmischen und polnischen Adelsgeschlechter in ihren farbenfrohen und kostbaren Nationalkleidern, Angehörige des Malteser- und Deutschen Ritterordens, mittelalterlich gerüstet, und dann noch viele andere hohe Funktionäre und Würdenträger. Den Beschluß aber bildeten österreichische und ungarische Leibgarden zu Pferd, die ununterbrochen auf langen silbernen Trompeten den Generalmarsch bliesen, und damit war der Fronleichnamstag vorüber. Eine hungrige und durstige Menge verlief sich rasch, teils nach Hause, teils in die Gastwirtschaften der Inneren Stadt, und eine Viertelstunde später ergoß sich bereits wieder das profane Leben in Gestalt von allerhand Fuhrwerken und vieler sich feiertäglich ergehender Menschen in die von der Absperrung befreiten Straßen.

Was nun aber dieses grandiose Schauspiel, in dem der sichtbare Herr über viele Millionen Menschen demütig den Spuren des unsichtbaren Herrn über *alle* Menschen folgte, was diese imposante Heerschau über Geschichte und Gegenwartsmacht eines großen und vielsprachigen Völkerreiches einem in Kaisertreue und Vaterlandsliebe erzogenen Knaben von damals etwa bedeuten mochte, muß einer heutigen Generation notwendigerweise unvorstellbar sein. Sie ist darob ebensowenig zu bedauern, als sie deshalb glücklich zu preisen wäre. Andere Zeiten, andere Begriffe, Ausdrucksformen und Träger der Macht, die das Gebäude des Staates und der Gesellschaft in den Fugen zu erhalten berufen ist. Freilich, die Symbole dieser Macht – mag ihr Gegenständliches auch bisweilen als überholt in die Rumpelkammer der Geringschätzung geworfen werden! – besitzen ein zäheres Leben als die Theoreme, die sie jeweils sinnfällig zu machen haben. Die Farben und Embleme wechseln, aber die Fahnen, Standarten, Wimpel usw. als solche bleiben! Und wie sie, so bleiben auch die Aufzüge, Aufmärsche und Auftriebe von Menschen, so auf den Plan gelockt werden für Ideen, von denen sie kaum mehr als den trivialen Bodensatz engbegrenzter Vorteilhaftigkeit für sich selbst zu schmecken imstande sind. Für was und wen immer dergleichen veranstaltet wird, es hat doch zu allen Zeiten nur den einen und selben Zweck: jene, die noch nicht klar genug *denken* können, etwas *glauben* zu machen, wodurch sie von den anderen, die es bereits im kleinen Finger und faustdick hinter den Ohren haben, leichter gezähmt und (natürlich immer zu ihrem Besten!) beherrscht werden können. Diese Komödie ist ewig, nur daß sie nicht immer schon in der Zeit, in der das Stück spielt, durchschaut wird.

Als ich, kurz nach dem Untergange der österreichisch-ungarischen Monarchie, zufällig einmal in der Direktion eines Wiener Operettentheaters zu tun hatte, gewahrte ich über dem Klaviere des dortigen Empfangsraumes eine mächtige, goldumbortete und mit der großen österreichischen Kaiserkrone gestickte Decke aus Scharlachtuch, die ich sofort als eine Prunkschabracke der ehemaligen berittenen Leibgarde erkannte. Und so war es auch; denn, wie mir ein Beamter des Theaters nicht ohne Genugtuung erzählte, hatte die Direktion alles, wessen sie an Uniformen, Ausrüstungsstücken, Waffen und Instrumenten des früheren Hofdienstes hatte habhaft werden können, in der Zeit des Umsturzes um einen Pappenstiel zusammengekauft und diese Gegenstände, die noch jüngst die Staffage zu manchem staats- oder welthistorischen Ereignis gebildet hatten, ihrem Fundus einverleibt. Man braucht darüber weder zu weinen noch zu lachen. Schließlich mündet ja vielleicht alles, was in der Welt zuzeiten als erhaben und mächtig gegolten hat, eines schönen Tages in die – Operette! Das eine früher, das andere später. Die göttlichen Königsbrüder Agamemnon und Menelaos samt ihrem Olymp mußten sich damit gedulden bis auf Offenbach, andere Potentaten werden vermutlich nicht zweitausend Jahre lang darauf warten müssen, und was die Gegenwart betrifft, so wird sie schon auch noch ihren Librettisten finden. Es muß ja nicht gleich sein! Und so fort – per saecula saeculorum.

DIE JUGENDFREUNDSCHAFT

Das Spiel war für heute zu Ende, um morgen wieder zu beginnen, und so fort, freilich mit immer ernsteren Gegenständen, durch alle, alle Tage einer gemeinsamen Kindheit und Jugend. Und so war es denn auch ein Spiel, ein friedlichstes Messen von Kräften, das gelegentlich zu einer schweren Bedrohung unserer Freundschaft führte. Und das kam so:

Eines Tages rangen Karl und ich miteinander in knabenhaftem Übermut. Aber der Parkettboden war glatt, wir beide, noch fest umschlungen, glitten aus, und ich stürzte dabei mit dem Hinterhaupte auf die scharfe, harte Kantenecke einer offenen Schreibtischlade. War es das Möbel oder war es mein Schädel, was so gekracht hatte? Einen Augenblick lang blieb ich betäubt, dann erhob ich mich etwas unsicher und griff mir an den Kopf. Er blutete nicht, aber eine große, dicke Beule war im Nu aufgeschwollen. Über diesen Ausgang unserer Unterhaltung zutiefst erschrocken, wurden wir kleinlaut. An diesem Tage spielten wir nicht weiter. Ich schlug vor, keinem Menschen von dem Vorfall etwas zu sagen, wir schworen´s einander zu, und dann begab ich mich, noch etwas schwindelig, auf den Heimweg.

Am nächsten Morgen erwachte ich mit dumpfen, pochenden Schmerzen, die ich natürlich verschwieg. Denn hätte ich sie verraten, so wäre ich gefragt worden, wie ich mir die Beule zugezogen, und hätte ich zugegeben, daß mir dies beim Spielen mit Karl geschehen sei, so wäre mir unfehlbar – dazu kannte ich meinen Vater nur zu gut! – der weitere Verkehr mit ihm verboten worden. Und dies durfte nicht sein! Um keinen Preis der Welt durfte dies sein! Allerhand Pläne gingen mir für den Fall der Entdeckung durch den Kopf, nahmen aber noch nicht feste Umrisse an. Dieser Zustand der Angst, den Freund zu verlieren, dauerte zwei Tage. Da ich während ihrer natürlich zur Schule mußte, so ging in dieser Zeit ein wahrer Platzregen „Nichtgenügend" über mein wundes, benommenes Haupt nieder. Besonders der Mathematiker und der Naturgeschichtler hatten es auf mich abgesehen. Dabei wuchsen die Schmerzen von Stunde zu Stunde, zogen sich vom Hinterhaupt zum Nacken herunter und von dort in die linke Seite des Halses. Dann platzte die Bombe!

Am dritten Nachmittage nach dem Ereignis wurde ich von den Eltern zum gemeinsamen Spaziergang befohlen. Widerrede gab es nicht, obwohl mein schlechtes Aussehen nicht unbemerkt geblieben war. Aber gerade deshalb mußte ich mit, weil es doch keinen anderen Grund haben konnte, als daß ich zu wenig in frischer Luft war. Also gingen wir – ich immer drei Schritte den Eltern voran – durch die Schmidgasse hinunter, am Rathaus vorüber, der Inneren Stadt zu. Da warme Jahreszeit war, trug ich einen sogenannten Girardihut. Aber wie trug ich ihn?! Zum Ärger meiner Eltern – schief und in die rechte Stirnseite gedrückt. Zweimal ermahnte mich der Vater im guten, den Hut ordentlich aufzusetzen, dann riß ihm die Geduld. Mit ein paar Schritten war er bei mir und preßte mir mit einem wuchtigen Ruck den harten Innenrand des Strohhutes in die richtige Lage.

Ich hätte aufschreien mögen, muckste jedoch nicht. Da war aber auch schon eine verdächtige Bläue bemerkt worden, die sich aus den Haaren hinter dem linken Ohre in den Nacken verbreitete. Diese Entdeckung ereignete sich genau beim Wetterhäuschen des an die Stadiongasse grenzenden Rathausparkes. Der Spaziergang wurde sofort abgebrochen.

Zu Hause angekommen, nahm man mich alsogleich ins Gebet. Ob mir etwas weh tue? Nach einigem Zögern: Ja. Was mich schmerze? Ich wie früher: Der Kopf. Wo? – Ich schwieg. Da machte der Vater kurzen Prozeß und fuhr mir durch die Haare, und im nächsten Augenblick riß er die Hand an die Augen: Eiter, Blut! – Ich verlor die Besinnung.

Als ich wieder zu mir kam, lag ich auf einem Sofa und hatte den Kopf mit nassen Tüchern umwickelt. Der Vater saß bei mir und hielt meinen Puls. Seine Stimme drang gütig und weich durch den Dämmer zu mir. Hätte er mich in dieser Stunde befragt, wer weiß, ob ich ihm nicht die Wahrheit gestanden hätte. Gegen Güte wäre ich wehrlos gewesen, und vielleicht hätte dann auch er Verständnis dafür gehabt, daß hier niemandes Schuld, sondern nur ein böser Zufall am Werk gewesen. So fürchtete ich, befragt zu werden, und sehnte mich zugleich darnach um der Güte willen. Allein die Frage – wohl in der besten Absicht, mich in meinem Zustande zu schonen! – blieb aus, und wieder einmal ereignete es sich in meinem damaligen Leben, daß ich ganz nahe daran gewesen wäre, mich kindlich aufzutun, und daß der Augenblick des Vertrauens und der Wahrheit vorüberging. Noch während mein guter Vater besorgt und schonungsvoll an meinem Lager saß, schmiedete ich die Pläne, wie ich ihn nunmehr am besten belügen würde. Dann kam, von der Mutter herbeigeholt, der Arzt und konstatierte eine Wunde, die bis an den Schädelknochen reiche und derart verwahrlost sei, daß man Gott zu danken haben werde, wenn nicht allgemeine Blutvergiftung eintrete. Sonst wurde nicht viel gesprochen. Der Hausarzt war kein Mann von Worten. Statt dessen arbeiteten Sonde und Eiterlöffel unbarmherzig in meinem Schädelloch, während die Mutter eine Kerze über mich und der Vater meine beiden Hände an den Gelenken hielt. Dann begann es im Zimmer nach Karbol und Jodoform zu riechen, und ich wurde zu Bett gebracht. Einige Tage schwankte mein Zustand zwischen Tod und Leben, dann aber obsiegte das Blut den Keimen der Verwesung, die Wunde vernarbte, und nach ungefähr einer Woche konnte ich wieder zur Schule gehen.

Die Prüfung der körperlichen Leidenskraft war glücklich überstanden, nun aber kam die bei weitem schwerere auf Erfindung, Geistesgegenwart und Entschlossenheit.

Mein Vater hatte sofort am Tage nach der Entdeckung die Anzeige beim Direktor des Gymnasiums erstattet. Die Untersuchung konnte aber erst eingeleitet werden, wenn meine Aussage vorlag. Denn bisher war Bestimmtes aus mir nicht herauszubringen gewesen. Vor dem gefürchteten Direktor aber, so hoffte mein Vater, würde ich schon Farbe bekennen. Er irrte sich. Denn auch jenem gegenüber sagte ich nichts anderes, als daß mir ein unbekannter Junge die Wunde auf dem Schulwege von hinten beigebracht und dann Reißaus genommen habe. Es dürfte ein Real- oder Bürgerschüler gewesen sein. Auf Personsbeschreibungen ließ ich mich nicht ein. Daraufhin schrieb der Direktor von Amts wegen an die Leiter der betreffenden Anstalten, und auch dort wurden Untersuchungen eingeleitet, Verhöre mit den verrufensten Raufbolden vorgenommen usw. Schon schienen Anhaltspunkte gewonnen, die auf bestimmte Täter hinwiesen, und Verdachte verdichteten sich. Aber sooft ich einem der Beschuldigten gegenübergestellt wurde, erklärte ich mit dem besten Gewissen der Welt, daß es eben dieser nicht gewesen sein könne. Schließlich mußte das Verfahren als ergebnislos eingestellt werden. Es war die aufregendste Episode meiner Knabenzeit und hätte mir trotz ihres guten Ausganges verhängnisvoll werden können, wenn ich mir auf meinen Triumph auch nur einen Augenblick lang etwas eingebildet hätte. Hatte sich meine Intelligenz nicht stärker erwiesen als die meiner Examinatoren? War nicht eine gewisse Romantik darin, daß ich mich durch all die hochnotpeinlichen Verhöre hindurch gehalten hatte wie ein ausgepichter Verbrecher? Hatte ich meine Peiniger nicht geflissentlich auf falsche Spuren gelockt und sie auf Abwegen der Untersuchung sich festrennen lassen, mit ihnen spielend wie die Katze mit dem Mäuschen?! Nichts von alldem – dies kann ich ebenso wahrhaft bekennen wie meine Schlechtigkeit! – ging in mir vor. Aber zu denken gab die Sache immerhin: da brauchte man also nichts anderes, als eine Fiktion, als etwas völlig aus der Luft Gegriffenes mit der nötigen Umsicht auszuhecken und nachher kaltblütig zu vertreten, und dieses Hirn- und Lügengespinst wirkte dann genauso, ja vielleicht sogar überzeugender als die Wahrheit! Gefährliche Erkenntnis in der Seele eines zehnjährigen Knaben! Sie hätte mich damals ebensogut auf Abwege bringen können, als sie mir später vielleicht geholfen hat, meinen Fiktionen künstlerische Gestaltung zu geben. So sehr liegen die scheinbar disparatesten Möglichkeiten in ein und demselben Menschen beschlossen: Vorspiegler falscher Tatsachen oder Poet! Und vielleicht hat man sich für den letzteren nur deshalb entschieden, weil man zum ersteren nicht die Courage gehabt hätte. Gott weiß es.

Was aber war indessen mit Karl gewesen? Nun, er war aus der ganzen verwogenen Komödie nicht nur durch die Umstände, sondern auch durch mich absichtlich ausgeschaltet geblieben. Nicht daß ich bei ihm weniger Interesse an unserem weiteren Verkehr vorausgesetzt hätte! Aber sein mir zwar im Gedanklichen weit überlegenes Wesen wäre der dreisten Rolle im Kampfspiele mit den Wirklichkeiten schwerlich gewachsen gewesen. Dies wußte ich und hatte es daher allein übernommen, ihn mir zu retten. Ich sage ausdrücklich und betone: ihn mir! Denn nicht aus Schonung für ihn oder aus einem anderen edlen Beweggrunde hatte ich den Zufall, der ihn hätte schuldig oder doch mitschuldig erscheinen lassen können, verschwiegen, sondern nur mir zuliebe hatte ich um ihn gekämpft, weil mich die Liebe zu ihm beglückte und weil mein Knabenleben wieder bettelarm geworden wäre ohne ihn. Und der Preis hat das Wagnis wahrhaftig gelohnt! Denn ohne Bedrohung von außen her wuchsen wir von jetzt ab gemeinsam ins Leben hinein, und es dürfte kaum irgendein besonderes Erlebnis gegeben haben, das bis zu unserem zwanzigsten Jahre einem von uns allein begegnet wäre. Wir waren Kinder, dann Knaben, dann Jünglinge zusammen, die zuerst mit Bleisoldaten und schließlich mit Träumen spielten, mit Träumen von dem, was aus uns werden sollte, und mit Träumen von dem großen Unbekannten, das die Ahnenden der Mannheit am meisten beschäftigt: vom Weibe. Als wir uns für Literatur, Philosophie und die schönen Künste zu interessieren begannen, lasen wir dieselben Bücher und besuchten dieselben Ausstellungen und Galerien, und dabei war immer Karl mit einer feineren Witterung für Wert und Zeitgemäßheit der Wegweiser. Aber auch das Gelände um Wien sah uns, als wir dann selbständiger wurden, immer vereint auf seinen vielen, von heimlicher Schönheit gesegneten Wegen.

KIRBISCH – ODER DER GENDARM, DIE SCHANDE UND DAS GLÜCK. Ein episches Gedicht.

Dieses, satirische Versepos ist als das epische Zentralwerk des Dichters zu bezeichnen. Infolge seiner inhaltlichen und formalen Qualitäten findet es auch heute noch Anerkennung. 1950 wurde es unter Mitwirkung von Paula Wessely, Attila Hörbiger u. a. unter dem Titel „Cordula" verfilmt. 1987 nahm es Heinrich Gattermayer als Textgrundlage einer Oper oder, wie er sein Werk selbst bezeichnete, „einer szenischen Ballade", die nicht ohne Eindruck blieb.

Wildgans an Franz Karl Ginzkey (1925):

Ich freue mich auf Deine ideell hitzigen Einwände, die Du gegen Dichtungen in der Art meines Kirbisch erheben wirst. „Der Menschheit Würde ist in Eure Hand gegeben" wirst Du mir, wie Schiller den Künstlern zurufen, worauf ich Dir grinsend die kalte Teufelsfaust meines Epos entgegenhalten werde [...] Darin siehst Du meine andere Seite, die man hinter meinen Gedichten nicht vermutet [...] Ich erwarte mir davon einen Kranz – aus Trüffeln, die die Schweine, welche einen Teil der heutigen Menschheit bilden, extra für mich aus dem Dreck ihrer eigenen Niedrigkeit herausgerüsselt haben werden [...][14]

Wildgans an Staakmann (Verleger, 1927):

Es darf literarisch kein Fehlschlag werden und das wird auch dann nicht der Fall sein, wenn man ihm in künstlerischer Beziehung nichts zum Vorwurf machen kann. Bedenken Sie den Stoff! Bedenken Sie die Anklage, die darin ist, die Satire, die es darstellt. Ein Geheul der Wut wird darin aufgellen auf allen Linien, bei allen Parteien [...][15]

Stefan Zweig (1927) an seinen Freund Wildgans:

Lieber Meister Anton! Du hast ein Vorurteil bei mir erschlagen. Ich hatte mir vorgenommen, Dein Epos nur schluckweise zu gustieren. Aber es kam anders, und kaum hatte ich es angefaßt, da packte es mich und ließ mich nicht mehr los. Du hast diesmal auch jene überrascht, die Dir das Beste zutrauen. Das Buch ist noch mehr, als Du selbst bisher warst, obwohl es Dich ganz enthält. Deine profunde Humanität ebenso wie Deinen tiefdenkenden, bis ins Gekröse hin hineinhallenden Humor. Dieses Buch ist ein Denkmal aus Österreich, Denkmal einer Zeit und Generation und wird als solches bestehen, dauerhafter wahrscheinlicher als alles, was Du und wir bisher gemacht haben [...][16]

Mag. phil. Heide Mühl erarbeitete 1991 mit einer Gymnasiumklasse eine Aufführung des „Kirbisch". Dazu Karl Krakhofer, einer der Mitwirkenden:

„Übelbach heißt die Gemeinde am Hang des gewaltigen Volland", scheinbar friedlich liegt es, weit abseits von Stadtleben und Kriegswirren. An diesem Schauplatz, der stellvertretend für die Welt steht, hält Wildgans der Gesellschaft den unbarmherzigen Spiegel vor. In den Jahren 1924–1927, sicher noch unter dem Eindruck der Schrecken des Krieges, entstand das klassische österreichische Nationalepos, der „Kirbisch"; eine Menschheitsdichtung voll Kraft und Schönheit; ein Meilenstein der österreichischen Literatur des 20. Jahrhunderts.

Wildgans schuf mit dem „Kirbisch", seinem Bekenntnis zum österreichischen Menschen, sein wohl bedeutendstes Werk

Vielleicht war es die Verbitterung über sein Scheitern als Burgtheaterdirektor, die jahrelang aufgestaute Gemütsdepression, die nun mit ungeheurer Kraft und Gewalt hervorbrach, um sich in dauernder dramatischer Steigerung zu einem Gedicht klassischer Vollendung zu formen, zu einem „Bauwerk nach streng erwogenen Proportionen mit Grundfesten, Giebel und Turm".

Mit sprachlicher und metrischer Feinfühligkeit zeigt Wildgans in breiten, oft humoristisch-satirischen Bildern, dennoch frei von kränkendem Spott, daß es ihm nicht nur um eine Abrechnung gegangen ist, darum, „an dem moralischen Niedergang eines Dorfes während des Krieges den ganzen moralischen Zusammenbruch der Welt anzuzeigen", sondern vor allem um das vollkommene Schöne.

Die Leichtigkeit des Gedichtes in den ersten Gesängen, wo sich das Leben und Treiben der Gemeinde „Im Gasthaus zum störrischen Engel" scheinbar wenig problematisch darstellt, läßt den Leser durch die oft humorvollen und bunten Darstellungen des derben Lebens auf dem Lande die ersten moralischen Entgleisungen einzelner gerne verdrängen. In den letzten zwei Gesängen konzentriert sich die Problematik und steigert sich zu schaurigen apokalyptischen Visionen, denen sich der Leser nicht mehr entziehen kann. Die reinen Seelen, die uns im ersten Gesang entgegentreten, zerbrechen letztlich an all dem Grauen und der Unmenschlichkeit der Gesellschaft, in der sich alle belügen, betrügen, verleumden und rufmorden oder sich durch Dulden und Untätigkeit schuldig machen.

Nicht mehr aktuell sei das Werk, als nicht mehr zeitgemäß wird Wildgans zur Seite geschoben. Vielen paßt Wildgans nicht ins politische und gesellschaftliche Konzept. Wie ein „Herkules ohne Keule", wie ihn Ringel treffend apostrophiert, steht er im Wege. Zu deutlich zeigt er die soziale Wirklichkeit. Die Aussage des „Kirbisch" ist höchst aktuell – und ebenso unbequem.

Alle finden ihr Ebenbild in vielen Facetten im „Kirbisch" wieder. Wildgans hat keinen vergessen. Er bedachte auch den Sturm, den er auslöste: „Ein Geheul der Wut wird aufgellen auf allen Linien, bei allen Parteien. Wer sich dergestalt mitten in den Zwinger der gereizten Bestien begibt, der muß gepanzert sein!

Und der Panzer des Künstlers ist die Meisterschaft der Form, die unantastbare Kraft und Reinheit seines künstlerischen Wollens."

Bemerkungen der Regisseurin Heide Mühl zur Arbeit der Klasse:

Die Aktualität des Werkes und vor allem auch der Schönheit der Sprache konnten sich die Schülerinnen und Schüler des Wasagymnasiums nicht entziehen.

Sie scheuten sich nicht, monatelang an der notwendigen Kürzung des Werkes zu arbeiten. Kaum ein Vers durfte fehlen, um jeden Hexameter wurde getrauert, doch brachten wir das Gedicht endlich auf ein Mindestmaß von „gelesenen" zweieinhalb Stunden. Dazu gab es bei den Aufführungen die schöne Sprache sehr stimmungsvoll verstärkende Dias, und jeder „Gesang" wurde von einem Stück aus „Carmina Burana" eingeleitet.

Es gab mehrere Aufführungen, auch an anderen Schulen. Überall war man von dem „angeblich verstaubten Werk" sehr angetan. Natürlich bedurfte es einiger Vorarbeit, um den Schülern Wildgans näherzubringen.

Aber der Applaus war Zeuge der Begeisterung.

In den Jahren 1925 bis 1927 entstand das in drei Episoden und zwölf Gesängen gegliederte Werk. Wildgans schrieb daran in Mödling und an jenem Ort, der sich historisch in der erzählten Geschichte spiegelt: Mönichkirchen am Wechsel. Menschliche Verirrungen, Korruption, kurz die im ländlichen Hinterland hervortretenden miserablen Seiten des Lebens während des Krieges tun sich auf. Aus Schmutz und Verzweiflung findet Cordula, die betrogene Magd, mit ihrem Kind den Ausweg in ein neues, hoffnungsvolles Leben. Dem Stoff entsprechend schwankt der Stil des Epos – je nach Darstellung des bäuerlich-dörflichen Lebensraumes oder der ins Mythische gesteigerten allgemein menschlichen Spähren – zwischen der komisch-grotesken und der ernst-pathetischen Sageweise; der durchgehende Duktus des Vortrags ist jedoch der mittlere, bürgerliche Stil, so wie auch die ganze Perspektive auf das Geschehen eine bürgerliche ist.

Damit schließt Wildgans an die bürgerliche Hexameter-Dichtung wie sie sich seit Johann Heinrich Voß und vor allem seit Goethes bürgerlichem Hexameter-Epos „Hermann und Dorothea" über Mörike bis ins 20. Jahrhundert hinüberleitet, an.

Übelbach heißt die Gemeinde am Hang des gewaltigen Volland,
Wo die Geschichte von Schande und Glück des Gendarmen sich zutrug.
Volland nannten die Väter verschollener Läufte den Teufel,
Und so erzählt auch die Sage von jenem Ursteingebirge,
Daß es der Luzifer sei, der Engel des Aufruhrs, den Gottes
Machtspruch aus Himmel verstieß, und hierlands fiel er zur Erde.

In Übelbach wird das Fronleichnamsfest vorbereitet.

Und ein seltsames Paar betrat den Platz bei der Fichte:
War es der Frühling selbst oder gar der Unsterblichen eine,
Die da in Züchten erschien, gefolgt von einem Geschöpfe,
Das einem Satyr glich? Eine purpurn-blühende Tracht von

Alpenrosen, gepflückt auf den Hängen und Matten des Volland,
Trug sie im linken Arme, indessen die Rechte der Göttin
Kräftig den herrlichsten Strauß von Frühlingsblumen umspannt hielt.
Cordula war es, die Schenkin vom Gasthaus zum Störrischen Engel.
Welches so mit Bedacht auf die Vollandlegende benannt war,
Und ihr folgte, gebückt von der Korblast duftenden Reisigs,
Vitus, der Knecht in bemeldeter Wirtschaft, die Einfalt des Dorfes.

Da erhob sich der Pfarrer und schlug wie ein schelmisch vergnügter
Junge laut in die Hände und sprach mit leuchtenden Augen:
„Wirklich, ihr habt es geschafft, ihr beiden grundgütigen Seelen."

Aber, Vitus, der geistig Behinderte, wird von den Dorfbuben gequält.

Furchtbar nahm er es ernst, der Arme im Geiste; die Tränen
Liefen ihm über die Wangen, ein krampfhaftes, heiseres Schluchzen
Stieß ihm empor in den Hals, in das schnappernde Kinn, in die Schultern;
Bittend, bettelnd, beschwörend suchte er Gnade und Ausweg,
Aber je mehr er bemüht war, sich loszumachen von seinen
Peinigern, desto grotesker wurde sein Jammergebärden.
Kreischend platzten heraus die Weiber des Bäckers und Kaufmanns,
Prustend hielt sich den Bauch die Witwe des Grünzeugverschleißers,
Lachend liefen auch andre herbei aus Gewölben und Häusern,
Und die Hunde des Fleischers umsprangen bellend den Aufruhr.
Einzig Cordula rührte ein mutig Erbarmen, und ruhig
Trat sie unter das Volk, verscheuchte die Buben und führte
Vitus, den törichten Dulder, mit freundlichem Zuspruch von dannen.
Stille ward es da plötzlich, und allgemeine Beschämung
Sperrte die Mäuler auf, die eben gekreischt und gelacht noch.
Aber die Weiber erholten sich bald und zeterten Unflat
Hinter dem Mädchen daher und fuhren dann fort, zu bekränzen
Jesu Bild am Altar, das stumm und bekümmert herabsah.

Männerrunde im Dorfgasthaus.

Derart schwollen die Reden. Jedoch, wer waren denn all die
Führer und Politisierer im Dorf am gewaltigen Volland?

Allen am Geiste voran: Matthäus Scholaster, der Lehrer!
Dieser, ein vor der Weihe der Kutte entsprungenes Pfäfflein,
Hatte dereinst von Lassalle verschiedene Schriften gelesen.
Wenn auch nicht eben verstanden. So war er für sich und mit Vorsicht
Freigeist und Sozialist, als welches ihn aber nicht abhielt,
Orgel zu spielen zur Messe und Sängerdienste zu tun bei
Jedem kanonischen Anlaß, mit Rücksicht auf die Gebühren.
Dieser nun führte das Wort, indes der Gemeindevorsteher –
Künigl Josef sein Name – nur redete, wenn er des Weines
Einige Viertel getrunken. Sonst saß er verlegen und wortkarg,

Spuckte und schneuzte sich bloß, und heute war Künigl nüchtern.
Um so vernehmlicher sprachen und schwelgten in Blüten der Rede:
Johann Baptist Populorum, der findige Krämer des Ortes,
Dessen Gattin Sophie als Hebamme staatlich geprüft war,
Frischenschlager, der Bäcker, und Zaunschirm, der Feuerwehrhauptmann,
Hitzgern, der Maurer, Oremus, der Schmied, und Hiebaum, der Schreiner,
Der als Mephisto des Dorfes bei allen gescheut und beliebt war.
Alle doch weit übertraf, schon auf Grund seines Lebendgewichtes,
Fürbaß Romanus Ägid, der lendengewaltige Selcher!
Wohl, einem Stiere glich er an Widerrist, Schultern und Nacken!
Knallrot waren die Backen und kurzgeschoren die Haare,
Keulen schienen die Schenkel und drohten, die Hose zu sprengen,
Während der mächtige Rumpf in dem weißen Wamse des Schlächters
Saß, als wäre ihm Atem und jede Bewegung benommen.
Dieser Unhold jedoch, zu dessen Beruf es gehörte,
Tieren den Garaus zu machen, in Eingeweiden zu wühlen
Und das noch dampfende Blut in gereinigte Därme zu füllen,
Hätte als Mensch und privat wohl kaum eine Fliege getötet,
Hatte ein zärtliches Herz, viel Sinn für die Schönheit der Frauen,
Deren Liebling er war als ledig und Mann von Geschäften.
Konnte die Zither schlagen und singen zur Zither und war mit
Einem Wort ein Genie, eine Perle von Mann, ein Gemütsmensch.

Die Handlung steigt an, als Fleps, ein ehemaliger Adjutant, auf Fronturlaub nach Übelbach kommt. Er hatte mit Cordula eine Liebesbeziehung gehabt.

Ohne Zweifel, Herr Fleps, der ländliche Junge von ehmals,
War durch die Schule des Kriegs Kavalier und Weltmann geworden.
Sprach mit dem lässigen Tonfall der Herrn Offiziere und schien nun
Endlich ihr ebenbürtig als Kandidat für die Ehe
Oder auch nicht für die Ehe – Herrn Flepsens Wille geschehe!
Dies nun war Grundes genug, daß das Fräulein Rose Rachoinig
Sich bacchanalisch benahm. Doch worin bestand dies Benehmen?
Erstens – obwohl ihr die Nase infolge von etwas Rachitis
Immer ein wenig verstopft war, zumal wenn das Fräulein erregt war –
Schwatzte sie dreimal soviel als sonst, und das wollte was heißen!
Zweitens lachte sie ununterbrochen, krampfhaft und grundlos,
Drittens nippte sie Branntwein von jedem Gläschen der Runde,
Viertens paffte sie Qualm aus des Försters Pfeife und schnob die
Schwaden quer über den Tisch an Fürbaß vorüber auf Fleps hin,
Fünftens und sechstens aber – und dies war besonders mänadisch! –
Sprühte sie glitzernde Blicke aus lüstern blinzelnden Augen
Mitten in Flepsens Gesicht und hatte, wenn sie so hinsah,
Ob auch ihr fahles Gebiß nicht eben ermunternd zum Kuß war,
Gleich einem Weib in der Wollust die Lippen ein wenig geöffnet.
Doch, als auch dieses nichts nützte, um Flepsens Herz zu bezaubern,

Probte sie stärkere Zwänge, indem sie dem Selcher erlaubte,
Daß er die wuchtige Hand mit den Fingern wie rosige Würstchen
Ungenierter denn je auf ihrem jungfräulichen Schoß hielt.
Aber auch dies war umsonst, die Eifersucht plagte Herrn Fleps nicht.

Nun trat Cordula ein – sie war in der ersten Verwirrung
Rasch in die Küche entwichen – und brachte dem Fähnrich-Adjunkten
Braten, Kartoffelsalat und ein Viertel vom besten der Weine.
So wie dem fremdesten Gaste servierte sie ihrem Geliebten,
Aber die Blicke der beiden vermieden einander mit Absicht.

Als sich Fleps zu nächtlicher Stunde in dienstlicher Angelegenheit an den Gendarm wenden will, macht er die Bekanntschaft der Gendarmin.

Und es ward auch geöffnet; indessen anstatt des Gendarmen
Stand auf nackenden Füßen und sozusagen im Hemde,
(Einzig ein wollenes Tuch umhüllte dürftig die Schultern)
Stand mit gelösten Haaren und schlafgeröteten Wangen,
Etwas zitternd vor Kälte, ein junges, verlegenes Weib da.

Fleps war genügend von Welt, um sich rasch und geschmeidig zu fassen
Und im verbindlichsten Ton nach dem Herrn Gendarmen zu fragen.
Ob er in diesem Hause denn nicht mehr wohne? Worauf die
Schüchterne Antwort erfolgte: es habe Herr Kirbisch schon abends
Sich auf den Volland begeben behufs eines nächtlichen Dienstgangs,
Morgen erst kehre er heim; worum sich´s im übrigen handle?

„Sind Sie die Frau Gemahlin des Herrn Gendarmen?" versetzte
Fleps nun mit Courtoisie, was jene, schon muntrer, bejahte.
Denn die gebildete Art des schmucken Herrn Offizieres
Stieg ihr schnurstracks zu Kopf, in ihr die Dame erweckend.
Die sie doch nahezu war als ehemalige Jungfer
Hochgeborener Frauen und später in einem Bankiershaus.
Folglich errötete sie und raffte um Schultern und Brüste
Enger den wollenen Schal und schlug die Augen zu Boden.
Siegreich lächelte Fleps, der Kenner weiblicher Regung,
Und betrachtete sie mit alles enthüllenden Blicken.

Cordula erwartet von Fleps ein Kind. Dieser versucht aber, sich von ihr abzusetzen.

Also horchte sie auf und fragte erbebend: „Was heißt das:
Alles regeln und ordnen?" Und Fleps erwiderte: „Weißt du,
Heiraten kann ich dich nicht, davon war auch niemals die Rede.
Aber wenn ich zurückkomm´ – man kann das ja wirklich nicht wissen! –
So übernehm´ ich doch gern, soweit ich es dann noch imstand´ bin,
Meinen Teil an der Sorge . . ." Allein die Magd unterbrach ihn:
„Also, wird unser Kind einen ehrlichen Vater besitzen?

Oder wird es das nicht?" Doch Fleps wich rasch und geschickt aus:
„Aber ich sag´ dir doch eben: ich bin ja gar nicht im Zweifel,
Daß ich der Vater bin!" Da erhob sich das Mädchen und sagte:
„Wenn du nichts anderes weißt, so bin ich zu Ende und gehe!
Sorgen für unser Kind, das kann ich wirklich allein auch,
Bin ja gottlob gesund, und um Arbeit ist mir nicht bange!"
„Auch nicht um einen Mann", warf wie beleidigt Herr Fleps ein.
„Der dich mitsamt dem Kind nimmt! An Werbern wird´s ja nicht fehlen!"
Aber Cordula schwieg und würdigte ihn keiner Antwort.
Da nun war es an Fleps, den treulosen Verlassnen zu spielen,
Ja, er verstieg sich sogar zu eifersüchtigen Reden,
Und fast wären sie echt und nicht eine Finte gewesen!

Das Fronleichnamsfest selbst ist eine Augen-, Ohren- und Magenfreude für alle Beteiligten, trotz des Krieges.

Dieses war die Musik. Ihr folgten mit Schleiern und Myrten
bräutlich dem Himmel geschmückt, in Paaren die christlichen Jungfrauen.
Göttlicher Schöne, so denkt sich der Glaube den Herrn und Heiland.
Schmerzhaft doch holdester Bildung die Jungfrau-Mutter Maria:
Anmutig schildert die Schrift den Lieblingsjünger Johannes,
Und die Heiligen alle, besonders die weiblichen, adelt
Selbst die kanonische Kunst auch durch *irdische* Reize; woraus sich
Zwingend ergibt, daß Schönheit nicht *immer* nur Blendwerk der Hölle.
Jene aber, o Gott, sie machten dem Meißel des Meisters,
Der sie zu Ebenbildern der eigenen Herrlichkeit formte,
Ach, nur bescheidene Ehre und ließen die Reinheit des Fleisches
Weniger als ein Verdienst denn als Not und Verhängnis erscheinen.
Aber die Schönheit der *Herzen!* In Gottes Namen, vorüber!
Nicht doch vorüber, noch nicht! Denn siehe, wer pfaut da am Ende
Dieses jungfräulichen Zuges? Wer trägt seine windige Unschuld
Gleich einer Jahrmarktsmonstranze des sittlichen Hochmuts vor sich her?
Kennen wir dieses Gesicht nicht, die lüsterne Ziegenvisage
Mit dem perfiden Geschau der scheinheilig lauernden Tücke?
Rührend noch war der Verzicht bei den anderen himmlischen Bräuten.
Rührend das grobe Schuhwerk, die arbeitzermarterten Hände
Und der gesenkte Blick der gottergebenen Einfalt!
Jene doch spreizt sich pompös mit wallenden Federn am Plüschhut,
Und ihr plebejischer Fuß ist gezwängt in den zierlichen Lackschuh.
Ja, sie ist es, sie ist´s, die heute in frühester Frühe
Schon auf der Gendarmerie war und *selbst* sich als Zeugin erboten
Gegen Crinis Ernest, den unglückseligen Glaser!
Diese himmlische Braut ist das Fräulein Rose Rachoinig!
Und ihr folgt auf dem Fuß der Verein der christlichen Witwen.

Die Schande der zweiten Episode widerfährt dem Gendarm, der zunächst wegen seiner strengen Durchführung kriegsbedingter Wirtschaftsmaßnahmen von allen gemieden, schließlich zum Mittelpunkt des allgemeinen Spottes wird: Seine Frau hat mit Fleps ein Verhältnis begonnen. Darüber tratschen die Frauen im Dorf.

Huh, wie knackten und klapperten da die falschen Gebisse!
Wahrlich, ein Totentanz für den guten Ruf der Gendarmin!
Giftig speichelnde Lippen schmatzten und schnappten nach jedem
Kichernd getuschelten Worte, die boshaft aufleuchtenden Augen
Glühten Triumph und Geilheit, die Antwort fiel in die Frage,
Eh sie noch *halb* erst getan, Erstaunen, Wut und Entrüstung
Wild überschlugen einander, und Schandmaul zischte in Schandmaul:
„Aber, was Sie nicht sagen, Frau Frischenschlager, nicht möglich!"
„Aber, Frau Populorum, das weiß doch ein jeder im Ort schon!"
„Wenn der Kirbisch im Dienst ist?" „Natürlich, wenn er im Dienst ist!
Zuschaun wird er doch nicht!" „Nein, so eine schlechte Person das!
Spielt die Unschuld vom Land und hat es hinter den Ohren!"
„Und erst das Lämpchen dazu von unserer Mutter im Himmel!"
„Meiner Seel´ und Gott, *das* ist eine Sünde! Das heißt ja
Unsere Liebe Frau persönlich zur Kupplerin machen!"
„Jesus, Maria und Josef, wenn *das* der Herr Pfarrer erfahrn wird!"
„Unser armer Herr Pfarrer, nein, daß ihm sowas passiern muß!"
„Deshalb schenkt ihr der Herrgott auch keine Kinder, Frau Crisper!"
„Geben Sie acht, Frau Oremus, jetzt wird schon *bald* eines dasein!"
„Aber nicht vom Gendarmen!",„Natürlich nicht! Sondern vom andern!"
„Aber wer ist denn der andre?" „Er soll ein gemeiner Soldat sein!
Irgendein Kanonier von der Stadt her!" „Und krank soll er *auch* sein!!"
„Heilige Mutter Gottes!" „Was Ihnen nicht einfällt, Frau Hitzgern!
Frisch und gesund ist der Mensch!" „Ja, kennen Sie ihn, Frau Oremus?"
„Aber natürlich, Sie auch, Frau Frischenschlager!" „Ich dank´ schön
Für eine solche Bekanntschaft! Vielleicht, daß *Sie* mit dergleichen
Leuten verkehren, ich *nicht*!" „Das bitt´ ich mir aus, Sie gemeine,
Unverschämte Person! Von Ihnen weiß man schon *auch* was!"
„Sagen Sie´s, wenn Sie was wissen!" – Zu diesem Punkte gekommen,
War es nahe daran, daß die eifernden, geifernden Weiber
Sich in die Haare gerieten. Da fuhr aus dem giftigen Gischte
Aller der flüsternden, wispernden, lispelnden, zischenden Zungen
Plötzlich ein Name empor, der freilich geschaffen dazu schien,
Wie aus dem Blasrohr geflitzt, ins Schwarze der Wahrheit zu treffen:
Dieser Name hieß Fleps, und Fleps war auch schon die Gewißheit!

Schiebung, Schleichhandel und neue Truppenaushebung halten Einzug in Übelbach. Der Pfarrer ist erschüttert über den moralischen Verfall seiner Herde. Er möchte den Menschen ins Gewissen reden, doch seine Aufgabe wird ihm zum Angsttraum.

Weitausgebreiteter Arme und leuchtend von heiligem Kampftrotz
Harrte der Pfarrer des Anpralls. Da traf es ihn scharf an die Stirne,

Und er brach in die Knie. Doch *über*menschlichen Willens
Riß er sich taumelnd empor, erreichte den Schreibtisch und sank dort
Schwer in den ärmlichen Stuhl und weh seine blutende Seele
Schrie: „O Jerusalem, die du steinigest deine Propheten
Und die Gesandten des Herrn ermordest, wie oft hab´ ich deine
Kinder versammeln wollen, wie ihre Küchlein die Henne
Unter die Flügel nimmt, die schützenden, *du* aber hast mich,
Hast mich niemals gehört!"
Da zuckte draußen am finstern
Sturmwindzerklüfteten Himmel der erste Blitz auf, und fernher
Rollte der Donner heran, die Erde erschütternd, und wieder
Schrie aus den Tiefen des Leids die wunde geistliche Seele:
„Wahrlich, ich sage euch, die Zeit ist erfüllet, die Schergen
Gottes brechen schon auf zum Gerichte! Der Mond und die Sterne
Stehn als Geschwüre am Himmel, und Zähneknirschen und Heulen
Ist in die Welt gekommen gewaltig! Und dennoch ist all dies
Nur der Beginn des Gerichtes!

In einem gewaltigen Hexensabbat dreht sich das Volk in den Abgrund.
Zur allgemeinen Belustigung will man Cordula und Vitus als Ehepaar hinstellen.

Plötzlich brach die Musik ab, der Tanz hielt inne, und zwölfmal
Schlug es auf schepperndes Blech, und hinter der Presse hervor kam
Schwinzerl im Priesterornat aus roten und goldenen Flicken.
Wie eine Kanzel erklomm er das hölzerne Untier und bot nun
Vitus und Cordula auf: Ob jemand ein Hindernis wisse? –
Höllengelächter die Antwort. Den Weibern blitzten die Blicke,
Grausame Nüstern erbebten, und häßlich verzog es die Mäuler.
Jetzt erschienen vom Schafstall die wilden Burschen mit Vitus.
Bleich vor Erschütterung war er und dennoch beseligter Augen.
Neuer Gelächtertumult, Applaus und besoffnes Gejohle.
Wo aber war denn die Braut? Sie kam nicht zur Hochzeit? Noch eben
Hatten sie welche gesehn in der Schank die Gäste bedienen!

In der nahen Industriestadt war ein Munitionsdepot explodiert.

Da aber, *was* war das?! Auf einmal wankte die Erde:
Ungeheurer Donner! Und wieder Erschüttern! Und wieder
Ganze Kaskaden von Donnern! Von wannen? Von unten? Von oben?
Und der Himmel war rot und die Dächer schwarze, geduckte
Rücken wider die Röte! Da bebte von neuem der Grund und –
Irgendwoher aus der Tiefe, als berste die Erde im Kerne! –
Wieder betäubender Krach! Da fiel in der Stille, die folgte,
Alles Volk auf die Knie in fahlem Entsetzen, und plötzlich
Wimmerte wo in der Ferne, vom Ende des Dorfs, eine Stimme,
Wuchs und ward zum Gezeter des Wahnsinns.

Im letzten Gesang nimmt Cordula Abschied von ihren Wirtsleuten und von Übelbach. Sie steigt vom Gebirge ins Tal und geht einem neuen, ungewissen Anfang entgegen.

Cordula, schmerzhafte Magd, wo führt dein Weg hin? Wo wird dir,
Wenn deine Stunde gekommen, die Bürde des heiligen Lebens
Abzusetzen erlaubt sein? Glaubst du noch immer an Menschen,
Welche die Hungrigen speisen und Müden ein Labsal bereiten?
Alle Spitäler belegt mit blessierten Soldaten, für Mütter
Weder irgendein Raum noch geeignete Nahrung! Ist *dir* da
Irgendwo auf der Welt bei fremden gleichgültigen Leuten
Auch nur ein Stall so gewiß, bei Ochs und Esel ein Kripplein,
Wo du dein Kindlein bettest, und wär´ es auf Lumpen und Stroh nur?
Aber die Hirten lobsängen: Ehre sei Gott in der Höhe!
Aber die Könige kämen mit Gold, mit Myrrhen und Weihrauch.
Anzubeten das Kind! – Oh, Träume, Cordula, Träume!
Dornen sind dir gesäet, und Steine werden dein Brot sein,
Ach, wo immer du gehst und wo immer du anklopfst. Denn siehe,
Übelbach ist ja ein Dorf nicht, in *seiner* Art *einzig*, kein Ausbund
Unter den Orten und Stätten der erdebewohnenden Menschen.
Übelbach ist ja die *Welt*, und die derbe Begierde, zu raffen,
Selber in Freveln zu blühn und die Unschuld büßen zu lassen,
Ist ja der Irdischen Art! Noch *immer* haben die Lauten
Leisere niedergeschrien, die Rohen die Zarten geknechtet,
Schurken die Guten gemißbraucht! Noch immer auch ruhte das Schicksal,
Welches im Großen bestimmte die Lose der Menschengeschlechter,
Nicht bei den Weisen und Edeln! Nein, *immer* noch waren´s die Gaukler,
Rollenschleicher der Macht und Fälscher der hohen Begriffe,
Welche mit Lockung und Peitsche für dieses oder für jenes
Wahnwort die gläubige Herde von Schlachtbank zu Schlachtbank getrieben.

Und so werden sie´s treiben, solange die Welt steht! Und dennoch: Auch, solange die Welt steht, wird immer wieder ein reines Kindlein geboren werden, um dessen willen der Herr die Erde so schön gemacht und den Herzen die Hoffnung gegeben!!

Ein Leben in Briefen

Alle Dichtungen, die ein wahrer Mensch hervorbringt, sind Briefe, die er an sich schreibt in Ermangelung eines anderen wahren Menschen, an den er sie richten könnte.

Lilly Wildgans, die Gattin und Bewunderin des literarischen Werkes ihres Mannes, bewertete die Briefe als etwas vom Bedeutendsten, das er geschrieben habe. Wenn man sie gelesen hat, muß man ihr recht geben. Seine Briefe haben nicht nur literarischen Wert, sondern ermöglichen in einem beachtenswerten Maß Einblick in sein Leben und Schaffen. Die Fähigkeit, sich in andere Menschen hineinzudenken, der Wille zur Ehrlichkeit und Wahrheit, ein tiefgründiges Erfassen der Komplexität eigener und fremder Lebensbedingungen, die kritische Beurteilung der politischen und gesellschaftlichen Verhältnisse lassen die Briefe zu einem interessanten Literaturdokument werden. Sie wurden 1947 unter dem Titel: „Ein Leben in Briefen" in 3 Bänden herausgegeben.

Die Auswahl erfolgte damals aus der erstaunlichen Fülle von etwa 4000 Briefen, die entweder Wildgans selbst geschrieben hatte oder die an ihn gerichtet wurden. Es handelt sich um ca. 250 Empfänger bzw. antwortende Personen, unter denen viele bedeutende Namen der damaligen Kulturszene und Politik zu finden sind.

Die anderen, nicht veröffentlichten Briefdokumente befinden sich im Besitz der Österreichischen Nationalbibliothek.

Die hier ausgewählten Beispiele geben nur einen fragmentarischen Rechenschaftsbericht über die kritische Denkweise und das idealistische Wollen des Autors.

Wildgans an seinen Jugendfreund Winterholler (10. November 1914):
Ich möchte Dich gern in Wien haben. Denn hier wandeln einem Diogenesgelüste an. Ein unerträgliches Pack bevölkert dieses geliebte Land, oder vielmehr die geliebte Stadt. Sie taumeln zwischen grundlosem Optimismus und einer, bis zum Masochismus gesteigerten Selbstkritik – wobei sich jeder natürlich persönlich ausnimmt. Das umgibt einen mit einer so unwiderstehlichen Schleimigkeit und Gesinnungslosigkeit [...] Mit einem Wort: In Wien schuftelt es! Das tut es bei Gott und man bringt den Geruch nicht aus seinen Kleidern.

Wildgans an Peter Rosegger (2. Jänner 1915) in Bezug auf das Drama „Armut":
Es ist leider keine Ausnahme, daß viele Großstadtkinder keine wirklichen Eltern haben. Ein besonderes Problem scheinen mir dabei die Mütter [...] Viele Kinder leiden unter der Familie. Die sollten weniger sehen und hören, was ihnen den Lebensmut und die Liebe im Herzen vergiftet. Die Eltern müßten von dem geben, was in ihnen selbst sein soll: von einem freundlichen Menschentum.

Aber, wo ist davon heute noch die Rede zumindest in der Großstadt? Man zahlt das Schulgeld, kontrolliert die Fortschritte, nimmt eventuell, wenn man es sich leisten kann, einen Hauslehrer und überläßt das Übrige dem lieben Gott, dem Zufall oder den, mit schlechtem Gehalt angestellten und daher verdrossenen Lehrern und Professoren. Aber die Schule allein kann es nicht richten. Sie hat ja nicht einmal die Mittel dazu in der Hand. Wissen eintrichtern kann sie, aber der Mensch geht in den meisten Fällen dabei leer aus [...] Das erzeugt dann jene Armut, von der in meinem Stück gehandelt wird und die sich als immer zunehmende Entkräftung im Menschlichen von Generation zu Generation schleppt [...]

Wildgans an K. Wolf, Berlin (8. Februar 1918):
Sie wissen nicht, was es heißt, in Wien und Österreich geistig leben zu wollen, vernehmbar sein zu wollen. Man dünkt sich in eine Polsterzelle gesperrt. Da drinnen mögen sie sich heiser rufen, mögen Purzelbäume schlagen. Es dringt kein Laut hinaus, kein Schatten ihrer Bewegung fällt hinaus. Die Stadt ersäuft in ihrer Banalität, sie kompromittiert jeden Ernst vor dem Ausland [...] Hier schießen Talente empor wie die Pilze, aber nur um exportiert zu werden, wenn sie daheim nicht zugrunde gehen wollen. So ist es in diesem, dennoch über alles geliebten Lande! Was sich hier nicht zusammenrottet, ist einsam, in seiner Einsamkeit hilflos ausgeliefert! Wie viele Bollwerke muß man um sich aufrichten, um von dem unheiligen Geschnatter dieser Welt vor sich selbst nicht übertäubt zu werden. Der Weg zum eigenen Ich ist hier der beschwerlichste und längste – auch der undankbarste: denn dieses Ich ist angewelkt, ehe man es gefunden, das göttliche Instrument der Seele verstimmt, weil profane Hände darauf Dreivierteltakt geübt haben [...]

Wildgans an Staackmann (21. Juli 1918):
Nach einem Hinweis auf die großen Bucherfolge, die selbst jene Schnitzlers übertrafen:
Ich sage das nicht, um mich zu rühmen! Im Gegenteil: Nichts könnte mich gegen mich mißtrauischer machen als der Beifall der Allzuvielen. Da aber mein literarisches Gewissen rein ist und ich mich nicht schuldig fühle, jemals auch nur mit einer Zeile dem Geschmack des Publikums geschmeichelt zu haben, so dürfte der Schluß nicht abzuweisen sein, daß der Ernst der Zeiten den Geschmack des Publikums vertieft oder den Kreis derer, die sich für ernste Literatur interessieren, erweitert hat. Daraus möge die Erkenntnis erwachsen, daß es nicht unbedingt Kitsch und Lesefutter sein muß, was auch in weite Schichten des Volkes zu dringen geeignet ist [...]

Wildgans an Graf Kalnoky (12. November 1925):
Ich vermag dem Kritiker des „Tagesboten" nicht gram zu sein; denn ich verdanke ihm Ihren schönen, von edlem jugendlichen Feuer belebten Brief. Die Kritik selbst ist in dem Ton gehalten, der mir gegenüber seit einiger Zeit üblich ist. Er wurde bald nach meiner Burgtheaterzeit in Prag angeschlagen und wird nun von der Provinzpresse nachgesungen. Die eigentlichen Urheber sind einige Literatur-

jünglinge, denen ich als Burgtheaterdirektor das Geschäft verdorben habe, indem ich ihre Stücke nicht annahm. Der Rest ist Neid auf mein Verwurzeltsein in vielen Herzen, das mir wieder einmal Ihr schöner Brief bestätigt hat [...]

Ich habe mich nie als Dichter „gefühlt". Ich bin nur einer, der manchmal Menschliches auszusagen hat und sich dazu jenes Instrumentes bedient, das er verhältnismäßig am besten beherrscht. Dieses Menschliche gewinnt mir die Menschen: Den Literaten, die seiner entraten und auch nur wieder bei Literaten zeitungspapierene Lorbeeren pflücken können, bin ich natürlich odios. Denen aber, die sich mir anschließen, rufe ich immer zu: Überschätzt mich nicht, liebe Freunde!

Es nützt nichts, sich dagegen blind zu stellen, daß die Zeit, in der ich hätte weiter wirken können, von der Zeit, die mit Ende des Krieges einsetzte, über den Haufen gerannt wurde. Vieles, das den Menschen der Vorkriegszeit ein Problem war und worunter sie litten und rangen, ist heute kein Problem mehr. Neue sind an die Stelle getreten, die den neuen Menschen ebenso wichtig sind wie uns ehedem die unseren. Nur wer dies wirklich nicht erkennte, es nicht wahrhaben wollte, ist wirklich reaktionär [...]

Wildgans an seine Frau (24. März 1926):

Das einzige, wofür ich in meiner Jugend lebte: Die dichterische Arbeit ist mir verekelt durch die Hunger- und Gewissenspeitsche, die mich zu ihr antreibt [...]

Wildgans an Staackmann (7. Mai 1926):

Ich bin leider nicht der Mensch, den eine drohende Katastrophe aneifert, sondern jener, den sie lähmt. Ich habe Zeit meines Lebens – und es ist mir oft sehr, sehr schlecht gegangen! – meine Kunst nicht in den Dienst des Broterwerbes gestellt und lieber mich als Menschen erniedrigt, denn als Dichter. Ich kann es mit 45 Jahren nicht anders erlernen. Oder aber, wenn ich dazu gezwungen würde, wo müßte ich aufhören, Dichter zu sein [...]

Ansprache über die Probleme der Burgtheaterführung an die Pressevertreter (September 1930):

[...] In Wirklichkeit aber verhält es sich so, daß sich an den Wesentlichkeiten des Theaters seit den Tagen der Antike nicht allzuviel geändert hat. Es war und blieb die Stätte, auf der die jeweilige Weltanschauung einer Kulturgemeinschaft mit den Mitteln der Zeit zu symbolhafter Gestaltung gelangte. Dabei ist es für das Wesen des Theaters nahezu gleichgültig, daß sich die Technik seiner äußeren Ausdrucksmittel dem Grade und der Intensität nach immer wieder geändert hat und ändern wird. Und auch dies rührt nicht an die Essenz des Theaters, daß die Weltanschauungen wechseln. Wichtig und daseinsbedingend ist nur, daß Weltanschauung ist und daß immer wieder einer komme, der dich mir ihr als Anwalt des Ewigmenschlichen in symbolhafter Gestalt auseinandersetze: Der Dichter [...]

Wildgans an den Minister Dr. Srbik (2. September 1930):

Es war nicht nur für mich, sondern auch für das Burgtheater notwendig, daß ich wiedergekommen bin. Denn die Zeiten sind wirr und gefährlich für den geistigen

Bestand des kulturverantwortlichen Theaters und in solchen Zeiten ist es gut, wenn Männer an der Spitze stehen, die nichts für sich und alles für die Sache wollen. Für eine Zeit wenigstens ist dies absolut notwendig. In diesem Sinn war ja wohl meine Wiederberufung gemeint, und in diesem Sinn habe ich sie auch angenommen.

Aber ich weiß andererseits auch, daß Reinlichkeit des Wollens und Sachlichkeit – so ethisch wertvoll sie an sich sind, – in der Praxis des Lebens und auch des Theaters mit der Zeit, – so paradox es auch klingen mag, – eine unproduktive Atmosphäre schaffen. Denn die Welt ist nicht danach eingerichtet, daß es sachlich zugehe, wenn es vorwärts gehen soll. Ohne Zugeständnisse an die vorteilgierige menschliche Natur würde der Motor aussetzen, der die Maschine des Weltgeschehens im Gange hält. Es würde dann zwar manches Niedrige und Schlechte nicht geschehen, aber auch das Gute würde dann schließlich unterbleiben [...]

Dankesrede von Anton Wildgans anläßlich seines 50. Geburtstages am 14. April 1931:

Was ich dem Burgtheater schulde, ist unermeßlich. Denn das Burgtheater ist die wahre Alma mater meiner künstlerischen Begabung, und wenn man mir – freilich nicht im freundlichen Sinn – zugeschrieben hat, daß ich meine dramatischen Werke eigentlich immer für das Burgtheater verfaßt hätte, so bekenne ich mich freudig und rückhaltslos zu dieser These. Denn im Burgtheater habe ich an ungezählten Abenden meiner Jugend die Höhen und Tiefen auszumessen gelernt, deren die Kunst des Schauspielers fähig ist, denn am Burgtheater habe ich in den entscheidenden Jahren meines Lebens erfahren, was von der dichterischen Vision und den Mitteln der Szene verwirklichbar ist und von dort her weiß ich vor allem, daß die angebliche Welt des Scheins, in der die geistgeborenen Träume des Dichters zu sinnfälligem Leben werden, in Wirklichkeit die Welt der unerbittlichen Enthüllungen und somit der höheren Wirklichkeit und der Wahrheit ist [...]

III

DER ÖSTERREICHER ANTON WILDGANS

Welche Mißverständnisse geschichtliche Unkenntnis hervorrufen kann, beweist eine Umfrage, die bei Lehrern im Jahre 1989 mit dem Titel: Was wissen Sie über Wildgans? vorgenommen wurde.

Viele kannten zwar den Namen, auch einige Werke, aber kaum das Anliegen dieses Dichters. In der älteren Generation fanden sich allerdings begeisterte Verehrer, vor allem der Gedichte und des „Kirbisch". Schockierend jedoch waren einige Aussagen, die in Wildgans einen „Nazi" vermuteten, also einen Anhänger der damals in Deutschland entstandenen Hitlerbewegung und des Faschismus. Mit nichts kann man Anton Wildgans so sehr unrecht tun als mit einer derartigen Zuordnung. Wildgans war durch und durch Österreicher mit einer liberalen demokratischen Gesinnung. Man könnte ihn als Österreicher in einem modernen Sinn bezeichnen: Er stand nicht nur zu dem aus dem Zerfall eines Großreiches verbliebenen Reststaat, trotz aller Nöte und Bedrängnisse, sondern wies visionär auf die Rolle dieses kleinen Staates bei der Integration eines künftigen Europa hin, das sich in der Gegenwart entwickelt, damals allerdings infolge der nationalen Gegensätze nicht vorhersehbar war. Dieses „neue" Europa scheint zwar zunächst ökonomisch fixiert zu sein und vordergründig wirtschaftlich dominiert. Aber auf längere Sicht bedarf es der Förderung geistiger und kultureller Werte. Gerade in dieser Hinsicht, meinte Anton Wildgans, habe das flächenmäßig zwar kleine Österreich unverhältnismäßig viel zu bieten, um es zu einem wertvollen Teil der europäischen Gemeinschaft zu machen.
Diese Vision vertrat Wildgans zu einer Zeit, da kaum jemand an solche Zukunftsaspekte dachte, in seiner 1929/30 im Rundfunk gehaltenen und später in vielen Auflagen gedruckten „Rede über Österreich". In einem Presseartikel von 1961 hieß es mit Bezug darauf: „Wenn nichts anderes vorläge als die „Rede über Österreich", müßte dem Namen des Anton Wildgans ein eigener Abschnitt in der Geschichte dieses Landes gewidmet werden. Die Rede definiert in geradezu programmatischer Weise die Rolle Österreichs [...] Die Rede gilt nicht nur heute noch. Sie gilt heute erst recht. Es ist die Idee, die den Österreicher über sich selbst erhebt oder doch erheben soll und ihn zum Europäer macht [...] [17]

Und der seinerzeitige Unterrichtsminister Dr. Heinrich Drimmel († 1991) stellte fest:

Die österreichische Idee, die wir kulturpolitisch vertreten, hat nicht so sehr Nationales, Politisches, Körperliches an sich, sie ist Bekenntnis zu einem Menschentum besonderer Prägung, wie es Anton Wildgans in seiner berühmten „Rede über Österreich" definiert hat [...] Wildgans bejahte das kleine Österreich und lehnte jeden Anschlußgedanken ab [...] Was Wildgans meinte, war, daß Österreich zwar seine Rolle in der Weltpolitik, nicht aber in der Weltkultur verloren habe.[18]

Diese Rede bedeutete in der damaligen Verunsicherung des österreichischen Staatsbewußtseins für jene vielen, die in der Zeit der „Ersten Republik" den Anschluß an Deutschland ablehnten, eine echte Gegenposition und eine Ermutigung. Aber auch noch für viele Zwangsteilnehmer an dem Krieg von 1939–1945, den sie nicht gewollt hatten, erwies sie sich wie eine Hoffnung. Nach dem Wiedererstehen Österreichs wurde die „Österreichidee" ein bedeutender Faktor der Wiedergeburt. Im „Österreichbild" des ORF vom 26. Oktober 1982 hieß es:

Wildgans hat sich in den bewegten Zeiten der Ersten Republik zu einem patriotischen Staatsbewußtsein bekannt, das erst 1945 allgemein wurde. Insofern ist er ein Vordenker unserer Zeit. In seiner faszinierenden „Rede über Österreich" gab er inmitten von Bürgerkriegsstimmung und Anschlußgeschrei ein Bekenntnis zur Eigenstaatlichkeit und zum österreichischen Selbstbewußtsein ab.

Nicht wenige sind der Ansicht, diese „Rede über Österreich" sei das Schönste, was bisher über Österreich gesagt worden ist. Andere meinen, sie sei einer jener ernsthaften Versuche, sich mit dem unbewältigten Problem des österreichischen Patriotismus auseinanderzusetzen, immerhin ein Anliegen, das auch heute noch aktuell ist.

Wildgans selbst war allerdings dem begeisterten Echo seiner Rede gegenüber durchaus kritisch und meinte, es sei nicht zu verwundern, wenn man von einem Volk nur von dessen Vorzügen und nicht von seinen Schwächen spricht.

Damals jedenfalls war die Rede ein unschätzbarer Beitrag zum österreichischen Selbstverständnis. Sie zeigte, daß die Zugehörigkeit zu diesem Staat ein positives Erlebnis sein konnte, trotz aller Kritik, die es ihm gegenüber geben mochte.

Wildgans hatte für die Schwächen und Mängel seines Landes einen sehr nüchternen Blick:

Ich bin Österreicher durch und durch, mit dem Stolz und der heimlichen Scham dieser Menschenspezies, mit manchen Tugenden und vielen ihrer Fehler.

Über das „österreichische Schicksal":

Dieses Schicksal bedeutet, kurz gesagt, so viel Energie aufwenden zu müssen, um eine Sache durchzusetzen, sie als notwendig den Maßgeblichen begreifbar zu machen, so daß Müdigkeit eingetreten ist, bevor die endlich durchgesetzte Sache durchgeführt werden darf." Oder: „Du kannst noch so wenig verlangen vom Leben, in diesem Land wird dir höchstens die Hälfte erfüllt.[19]

Trotz mancher Enttäuschungen, die ihm von „offizieller Seite" zuteil wurden, blieb seine innere Beziehung ungestört, wie sich beispielsweise in den berührenden Gedichten „Das Österreichische Credo" und in dem 1929 von Richard Strauß in Musik gesetzten „Österreichischen Lied" audrückt.

In der letzten Strophe heißt es:

Österreich heißt das Land.
Da ers mit gnädiger Hand
Schuf und so reich begabt,
Gott hat es lieb gehabt.

REDE ÜBER ÖSTERREICH.

Sie sollte, einer Einladung an Wildgans entsprechend, in Stockholm vor dem schwedischen König anläßlich des österreichischen Staatsfeiertages gehalten werden, was infolge einer schweren Erkrankung des Dichters nicht zustande kam. Man brachte sie in den schwedischen Zeitungen. Wildgans wurde aufgefordert, sie am Neujahrstag 1930 in der RAVAG, der damaligen österreichischen Rundfunkanstalt, vorzutragen. Sie fand außerordentlichen Wiederhall, wurde gedruckt und in vielen Auflagen verbreitet.

Im Folgenden werden einige Stellen vorgelegt.

Wenn ich heute die Ehre habe, zu Ihnen als Vertreter österreichischen Kultur- und Geisteslebens zu sprechen, so tue ich dies als der Abgesandte eines Landes, welches nur mehr ein kleiner Teil jenes großen Reiches ist, das noch vor etwas mehr als einem Jahrzehnt die geographische Mitte unseres Weltteiles bildete.

Es gilt, vor Ihnen, meine Damen und Herren, Zeugnis abzulegen für das n e u e Österreich. Denn wir Werkleute an dem Aufbau dieses neuen brauchen das alte nicht zu verleugnen. Im Gegenteil, wir wissen genau, daß wir ihm vorläufig noch so ziemlich alles zu verdanken haben, mag auch die Erbschaft, die uns nach ihm eingeantwortet wurde, mit manchem Fluche und Leidwesen belastet sein. Aber es sind auch Werte in der Verlassenschaft, Werte einer ehrwürdigen Kultur und eines besonderen Menschentums, und nur von diesen beiden soll im folgenden die Rede sein.

Da war also ein Reich gewesen, meine Damen und Herren, das drittgrößte in unserem Europa, das nächstgrößte nach Deutschland, und in seinem Herzen, in dem deutsches Blut pochte und deutscher Geist Kulturarbeit leistete, fernhinwirkend bis an die Tore des Orients, in diesen Herzlanden, welche allein das heutige Österreich bilden, kreuzten einander von alters her die Straßen vom Aufgang zum Untergang, von Mittag nach Mitternacht [...]

Dieses Wien, die Kaiserstadt an der Donau, war zu einer Zeit, da Deutschland sich noch lange nicht seiner gewaltigen Volkseinheit bewußt war, die erste eigentliche Großstadt auf deutschem Boden, ja mehr als dies: neben London, Paris und Rom die deutsche Weltstadt katexochen in Europa. Und in ihr, aber auch sonst in Österreich, unter den Ausstrahlungen ihres politischen und kulturellen Lebens, bildete sich im Laufe der Jahrhunderte ein Typus heraus, den ich am liebsten bezeichnen möchte als den ö s t e r r e i c h i s c h e n M e n s c h e n. Und von diesem und zu diesem, meine Damen und Herren, lassen Sie mich hiermit vor Ihnen ein Bekenntnis ablegen!

Ja, meine Damen und Herren, ich wage dieses Bekenntnis zum österreichischen Menschen, obwohl ich dadurch mit einer Tradition breche, an welcher der Österreicher bisher, besonders wenn er ins Ausland ging, sehr zu seinem Nachteile festzuhalten pflegte. Jetzt aber, da wir, wieder einmal von vorne beginnend, eine Erbschaft an Kultur übernommen haben, wie sie bedeutsamer nicht sein kann, jetzt aber, da wir im Begriff sind, dieses kostbare Inventar in unser neues, wenn auch kleineres Haus einzubauen und es zu verwalten, nicht als engherzige Eigentümer, sondern gleichsam als Treuhänder der gesamten kultivierten Menschheit, in diesem wichtigen und hoffnungsvollen Augenblick ist es an der Zeit, der Unart falscher Bescheidenheit und allzu unbedenklicher Selbspreisgabe zu entsagen und in uns allmählich ein anderes heranzubilden, nämlich das historische Bewußtsein und den Stolz des Österreichers! [...]

Und da darf ich wohl sagen, daß sich mir gerade in den Stunden der furchtbarsten Prüfung das tiefste Wesen des österreichischen Volkes am weitesten erschlossen hat: eben jenes österreichische Menschentum, welches ein Ergebnis ist seiner besonderen Geschichte, seiner Kultur und seiner natürlichen Anlagen. – Um zuerst nochmals kurz von der Geschichte zu reden: sie hat den Österreicher leben und werden lassen in einem Staatswesen, in dem die Deutschen der Zahl nach zwar immer Minorität, ihrer politischen und kulturellen Rolle nach aber das Führer- und Staatsvolk waren. So lernte der österreichische Mensch zweierlei: Psychologie und das Dienen an einer Idee! Denn Führerschaft, wenn sie nicht bloß auf brutale Gewalt gegründet ist – und eine solche war schon durch die Minderzahl der Deutschen in der Monarchie unmöglich! –, denn Führerschaft ist immer auch Richterschaft, und diese erfordert hinwiederum ein Über-den-Parteien-Stehen, welches im gegebenen Falle identisch war mit einem Stehen über den Nationalitäten. So lernte der Deutschösterreicher alles, was er in bezug auf den Gesamtstaat dachte und aussprach, in soundso viele andere Sprachen übersetzen und begegnete dabei der geheimnisvollen Tatsache, daß jeder Satz der eigenen Sprache, ob auch in der fremden dem Sinne nach gleich, dennoch in dieser nicht nur phonetisch, sondern auch seelisch einen anderen Klang hat. So wurde er zu einem Menschen, der sich hineindenken konnte, ja hineindenken mußte in fremde, nationale Gefühlswelten, in fremde Volksseelen, so wurde er Völkerkenner, Menschenkenner, Seelenkenner, mit einem Wort: Psychologe. Und Psychologie ist alles! Und Psychologie ist Pflicht im Zusammenleben der Menschen und Völker! Das Unheil, das immer wieder in Gestalt von Kriegen oder Klassenkämpfen die Welt überflutet, es stammt zumeist von dem Mangel an Psychologie, von dem fehlenden Willen zur Psychologie, von der Trägheit der Geister und der Herzen, die sich mit bloßen Gerüchten über den anderen begnügen, anstatt ihn zu erkennen und dadurch in seiner Wesensart, in seinen Leidenschaften, Empfindlichkeiten und Ansprüchen zu begreifen. Dieses Erkennen und Begreifen nun ist sozusagen die historische Natur des österreichischen Menschen[...]

Ein solcher Tat- und Herrenmensch nun, besonders in nationaler Beziehung, ist der Österreicher nicht. Das mag für das Fortkommen in der Welt, das mag vom Standpunkte nationaler Selbstbehauptung ein Mangel sein, von der höheren Warte reiner Menschlichkeit aus gesehen ist es ein Fehler kaum. Nicht ohne tiefere Ursachen rührt der Ausspruch: „Von Humanität über Nationalität zur Bestialität" von einem Österreicher, von Grillparzer! [...]

Das hängt damit zusammen, daß der österreichische Mensch irgendwie eine Künstlernatur ist und daß seine Methode der Arbeit mehr die der schöpferischen Improvisation und des schaffenden Handwerks geblieben als die der disziplinierteren, aber auch mechanischeren Fabrikation geworden ist. Man hat dem österreichischen Menschen, unter anderem auch deshalb, einen gewissen Konservativismus und ein gewisses Zögern gegenüber dem Fortschritt und dem jeweils Neuen nachgesagt, und dieser Leumund hat etwas Wahres in sich. Indessen, wem historisches Bewußtsein und Psychologie zum Instinkt geworden sind, der neigt dazu, nicht gleich in jedem Wechsel der Dinge einen Fortschritt zu erblicken; und wer alte Kultur besitzt, der beruht zu sehr in sich und ist seines Geschmackes viel zu sicher, als daß er in jedem Neuen alsogleich ein Evangelium vermutete.

Mag sein, daß er dabei nicht immer ganz auf der „Höhe der Zeit" einherschreitet, aber er wird dafür auch nicht so leicht und ahnungslos in ihre Abgründe stürzen. Mag sein, daß er das jeweils vorgeschriebene Tempo nicht ganz und gar mitmacht und nicht behende genug mittut im Veitstanze einer immer mehr entheiligenden Zivilisation, aber er wird dafür ein a n d e r e s bewahren, worauf es denn doch vielleicht einmal noch ankommen wird, wenn die Völker der Erde dereinst etwa nach anderen Maßen als denen der Gewalt- und Konkurrenzfähigkeit gezählt und gewogen werden sollten: das menschliche Herz und die menschliche Seele! –

Man hat uns Österreicher ein Volk von Phäaken genannt und hat uns damit als zwar liebenswürdige, aber zugleich auch als allzu unernste und genießerische Leute abfertigen wollen, die Gott einen guten Mann sein lassen und spielerisch in den Tag hinein leben. Das mag für manche Abschnitte unserer Geschichte gegolten haben, in denen wir patriarchalisch bevormundet, vom edlen Wettbewerb freier Geister abgeschnitten und auf die bloß sinnlichen Freuden verwiesen wurden. Indessen, welches Volk hätte solche Perioden nicht mitgemacht? [...]

Der Großteil unseres Volkes aber war immer regsam, tätig und in seinen Genüssen bescheiden. Nur daß es vielleicht das Wenige, das es zu genießen hatte, seiner ganzen Art nach auskostender, mitteilsamer und heiterer zu genießen wußte, als dies anderwärts der Fall sein mag. Aber hat es deshalb jemals, wenn es aufgerufen wurde von der Geschichte, seine Pflicht verabsäumt? Oder ist unsere Erde nicht bebaut bis an die äußersten Grenzen des Fruchtens? Und sind ihre Kräfte und Schätze nicht genützt und gehoben? Wenn es gewiß auch noch vieles zu nützen und zu heben gilt in dem n e u e n Österreich! Und dann, meine Damen und Herren, man muß dieses Volk in seinem tiefsten Unglück gesehen haben, in der Zeit, da die Not an jede Türe pochte und der Boden fast unter jeder Existenz schwankte! Die früher zu genießen verstanden hatten, die wußten jetzt ebenso zu entbehren und zu hungern! Und die Verzweiflung der Niedergetretenen, in d i e s e m Volke ist sie niemals ausgeartet ins Unmaß der Wut, obwohl es derer genug gab, die seinen Zorn verdient hätten! Denn der Verderber, der Versucher, der Aufwiegler, er hat auch in ihm seine Köder ausgeworfen und seine Schlingen gelegt; aber in der Sündflut von Schmutz und Verwirrung, die jeder Zusammenbruch einer Staats- und Gesellschaftsordnung entfesselt, ist der Wesenskern unseres Volkes unversehrt geblieben [...]

Nein, meine Damen und Herren, eine h ä r t e r e Probe auf die Seele und die Kultur eines Volkes wurde noch niemals gefordert, und der sie bestanden, das ist, von allen Geißeln gestriemt, von allen Dornen verwundet und an alle Pfähle geschlagen, der österreichische Mensch! Nur in e i n e m Punkte, meine Damen und Herren, will ich die Märe, daß wir Österreicher Phäaken seien – so leichtfertig sie auch sonst ist! – gelten lassen:

In d i e s e m Sinne, daß unser mit allen Gotteswundern der Schönheit begnadetes und von freundlichen Menschen bewohntes Land auch weiterhin ein Eiland des Gesanges sei und daß von ihm die edle Heiterkeit und die starkmütige Ergriffenheit menschlicher Herzen ausgehe, in d i e s e m Sinne wollen wir Österreicher Phäaken sein und bleiben!

IV

DER BURGTHEATER-DIREKTOR WILDGANS

Die Rolle und der Stellenwert des Burgtheaters im gesamtösterreichischen, speziell natürlich im Wiener Kulturleben ist die einer Institution, die man als eine Art Herzensangelegenheit dieses Volkes ansehen könnte. Zumindest war es lange Zeit hindurch so.

Bis 1918 kaiserliches Hoftheater fand es auch in der Republik beachtliche öffentliche Anteilnahme. Die enormen finanziellen Leistungen des Staates für die beiden großen Bühnen, Oper und Burgtheater, das ja lange Zeit als das „deutschsprachige Nationaltheater" angesehen wurde, sind weitgehend von der Zustimmung des Volkes getragen. Die künstlerischen Leistungen, die man naturgemäß erwartet, sind daher berechtigte Forderungen der breiten Öffentlichkeit und Gegenstand berechtigter und unberechtigter Kritik.

Gerade dafür machte man, und macht es immer noch, deren Leiter verantwortlich. An das Amt des Burgtheaterdirektors werden daher andere Maßstäbe als an andere Theaterleiter gelegt.

Einer der interessantesten, umstrittensten und wohl auch bedeutendsten war Anton Wildgans. Seine persönliche, bereits aus der Jugendzeit stammende Liebe zum Burgtheater, sein Gerechtigkeitssinn, sein künstlerisches Verantwortungsbewußtsein, vor allem aber sein Idealismus, mit dem er Aufgabe und Funktion des Burgtheaters sah, bereiteten ihm in der Konfrontation mit den durchaus nicht idealen Realitäten des Amtes ein Schicksal, an dem er zerbrach und menschlich scheiterte. Idealisten sind ja immer irgendwie gefährdet.

Die Idee des Burgtheaters lag für ihn auf einer hohen Ebene. Er sah darin „nicht nur eine Unterhaltungsstätte, sondern gleich den Universitäten eine Bildungsstätte ersten Ranges". Wie weit diese Auffassung heute noch aktuell ist, mag als Frage im Raum stehen.

Wildgans hatte sich um dieses Amt nicht beworben, er mußte mit einigem Nachdruck dazu gedrängt werden und entschloß sich nur im Hinblick auf die damalige Krisensituation des Theaters dazu. Er war der erste Burgtheaterdirektor der Republik und daher nicht mehr von der kaiserlichen Gnade, sondern vom politischen Wechselspiel der Parteien abhängig. Daß er keiner Partei angehörte, war zunächst, neben seinem Ruf als Dichter – er galt als einer der führenden Dramatiker Österreichs – für seine Berufung wesentlich. Gerade die Parteiunabhängigkeit wurde aber beim später ausbrechenden Konflikt mit der Bürokratie sein Handikap. Er fand von keiner Seite Unterstützung. Woran er im Verlauf seiner eineinhalbjährigen Tätigkeit scheiterte, waren nicht die künstlerischen Leistungen – Wildgans war auf ein hohes Niveau und einen guten Ausgleich zwischen einem überkommenen und zeitgenössischen Repertoire bedacht und fand diesbezüglich auch Anerkennung, – sondern die mit diesem Amt verbundenen verwaltungstechnischen, wirtschaftlichen, politischen Umstände. Die Gegensätze zwischen dem sozialdemokratischen und bürgerlichen Lager waren damals unüberbrückbar.

Ein heute noch bestehendes großes Verdienst der ersten Direktionszeit von Wildgans ist die Angliederung des Akademietheaters als zweite Bühne an das Burgtheater. Leider ist das vielfach schon aus dem Bewußtsein verschwunden.

Daß eine profilierte Person und Position auch Gegner auf den Plan ruft, mußte auch Wildgans erfahren. Zu den bekanntesten, deren zum Teil sarkastische und sogar bösartige, wenn auch durchaus nicht immer berechtigte Kritik, die bis heute noch nachwirkt, zählen Karl Kraus und Robert Musil.

Verbittert durch den Konflikt mit dem Vertreter der Staatstheaterverwaltung und außerdem durch Krankheit gehandikapt, reichte Wildgans seine Demission ein. Er betrachtete seine Bemühungen als gescheitert: *„Ich fiel, weil ich meine Pflicht auch dann getan habe, wenn sie Mächtigen unbequem war."* Die verschiedenen Ehrungen, der Hofratstitel, das Ehrenzeichen der Universität Wien, die Ehrenmitgliedschaft der Akademie der bildenden Künste trösteten ihn kaum. In einem Gedicht aus dieser Zeit heißt es: *„Mein Herz ist tot. Ich weiß nicht wann und wie es mir gestorben."*

Die nachfolgenden Jahre waren nicht nur für den krisengeschüttelten Staat, sondern auch für Wildgans privat sehr schwierig. Gesundheitliche Probleme und die Folgen der Inflation hatten ihn hart getroffen. Die Anerkennung als einer der führenden Dichter Österreichs, die freundschaftlichen Kontakte mit den Literaten seiner Zeit, die Rang und Namen hatten, wie Schnitzler, Hofmannsthal, Mell, Werfel, Zweig, Csokor u. a. und die Verbreitung seiner Dichtungen auch in Deutschland kamen einer reichen dichterischen Produktion zustatten.

Die bedrängende wirtschaftliche Lage war schließlich zum Teil dafür maßgebend, daß er in einer damals akut gewordenen Krise des Burgtheaters trotz Abratens vieler Freunde und eigener Bedenken sich entschloß, 1930 nochmals die Direktion des Burgtheaters zu übernehmen. Man hatte ihn von höchster politischer Seite dazu gedrängt. Trotz der üblen Erfahrungen der ersten Direktion meinte er, es seinem geliebten Burgtheater zu schulden.

Zunächst war die Direktionsarbeit sehr erfolgreich und fand Anerkennung. Aus dieser Zeit stammt die Realisierung einer für das Theaterleben wertvollen Einrichtung, nämlich eines „Burgtheaterstudios" als Experimentiertheater vor allem für die jungen Mitglieder des Ensembles. Es bewährte sich lange Zeit.

Die Gegner des Anton Wildgans entwickelten Intrigen, die nicht nur von Personen ausgingen, die das Amt anstrebten, sondern auch von politisch-weltanschaulicher Seite her. Sie fanden nach einem Regierungswechsel beim neuen Unterrichtsminister Gehör.

Anläßlich der Feier zum 50. Geburtstag, die überdimensional verlief, trat die Gegnerschaft zwar etwas in den Hintergrund, sie brach aber bald darauf unverhüllt hervor. Sein Idealismus, „das Burgtheater wieder zu dem zu machen, was es einmal war, nämlich zu einer der führenden europäischen Kulturstätten", scheiterte vor allem an der wirtschaftlichen Depression. Es war die Zeit der großen Weltwirtschaftskrise, und man dachte sogar an eine Umwandlung des Burgtheaters in ein Kino. Auch seine parteiendistanzierte Grundeinstellung und sein bedrohlicher Gesundheitszustand hinderten ihn an einer kämpferischen Gegenwehr. So fühlte er sich veranlaßt, mit dem 1. Jänner 1932 zu kündigen.

Er mußte seinen Einsatz für die „Idee" des Burgtheaters als gescheitert ansehen. Viele bedauerten seinen Schritt und bewerteten die Vorgänge als ein großes Unrecht an dem Mann, dessen persönliche Integrität niemand bezweifelte. „Er ist nicht über seine Fehler, sondern über seine Tugenden gefallen", hieß es in einer Pressestimme.

Die tiefe seelische Bedrückung wurde kaum durch einige großartige Erfolge „seines" Burgtheaters gemildert, wie etwa die vielbejubelte Premiere „Das Große Welttheater", die großartige Aufführung von Goethes „Torquato Tasso" zu dessen 100. Todestag in Weimar, und vor allem des „Faust", an dessen Inszenierung Wildgans wesentlich mitgearbeitet hatte.

Die Ernennung zum „Ehrenmitglied des Burgtheaters" als Dank des Ensembles bereitete ihm noch eine große Freude.

Wildgans hat in verschiedenen Abhandlungen und Artikeln seine „Idee" vom Burgtheater dargelegt. Mit einem gewissen Bedauern ist zur Kenntnis zu nehmen, wie wenig man in späteren Zeiten sich darum bemüht hat, zu klären, welche Funktion und Bedeutung es für das österreichische Kulturleben haben könnte und was der vielleicht idealistischeste Direktor darüber zu sagen hatte, etwa in seiner 1926 verfaßten Abhandlung mit dem Titel „Die geistige Sendung des Burgtheaters in der Republik"[20] und in dem Artikel ,,Folgerungen aus Weimar".[21]

Wenige Monate nach seinem Ausscheiden starb Anton Wildgans. Das Burgtheater übernahm die Bestattungsfeierlichkeiten als letzten Dienst an dem Direktor, der diese Institution so sehr geliebt hatte.

V

PERSÖNLICHKEITEN DES LITERARISCHEN UMFELDES: FREUNDE UND GEGNER

Welche Stellung Wildgans im literarischen Bereich seiner Zeit einnahm, läßt sich daraus erkennen, mit welchen Persönlichkeiten er positive und freundschaftliche bzw. auch gegnerische Beziehungen hatte. Aus der diesbezüglichen Fülle seien einige charakteristische Beispiele angeführt:

Zu den mit ihm freundschaftlich besonders eng Verbundenen gehörten die nur wenig jüngeren Dichter Franz Theodor Csokor, Felix Braun und Max Mell.

Mit ihnen führte Wildgans einen regen Briefwechsel. Dieser gibt interessante Aufschlüsse über Denkweise, gegenseitige Anregungen und dichterische Zielsetzungen der Briefpartner.

Braun, ein Meister in der Darstellung halbbewußter Gefühle und Stimmungen (Romane, Dramen, Lyrik), war vor allem von der Frage nach dem Leben und dessen Sinn bewegt.

Csokor, zunächst ganz Expressionist, (Lyrik, Romane, Dramen) fand dann zu beruhigter, zeitlos-klassischer Ausdrucksform.

Mell kam aus der humanistisch-christlichen Lebenssphäre. Charakteristisch für ihn: Der humanistische Geist seiner Lyrik und der Barock seiner Legendenspiele, etwa des „Apostelspiels" und des „Nachfolge-Christi-Spieles". Von ihm sind auch Erzählungen und das Drama „Der Nibelunge Not".

Franz Karl Ginzkey war 10 Jahre älter als Wildgans. Die Intensität der freundschaftlichen Beziehungen der beiden beweist ein ausgedehnter Briefwechsel. Mit diesem, der Neuromantik zugezählten Dichter verstand sich Wildgans besonders gut.

Gerhard Hauptmann († 1946). Er gehörte zu den von Wildgans besonders hochgeschätzten Dichtern, dessen Werke daher im Burgtheater verhältnismäßig oft gebracht wurden: „Und Pippa tanzt", „Hanneles Himmelfahrt", „Die Jungfrau vom Bischofsberg", „Winterballade". Bei Hauptmann treten die Möglichkeiten und der Zwiespalt der Zeit in Erscheinung. Sein tiefer Wesenszug war Menschlichkeit und Mitleid. In seinen Dichtungen überwiegt das Gefühlhafte, das Intellektuelle tritt zurück.

Hugo von Hofmannsthal († 1929) hatte Umgang mit vielen führenden Männern seiner Zeit, er war ein „Europäer" mit umfassender Bildung. Bei ihm bricht die Barockwelt als Sphäre einer Kulturtradition besonders durch. Er schuf lyrische Dramen mit berückender Versmelodie. Seine Lyrik ist Stimmungskunst hohen Grades. Zum umfangreichen Werk Hofmannsthals gehört u. a. der „Jedermann" und „Das große Welttheater", dessen vielbeachtete Inszenierung Wildgans am Burgtheater veranlaßte. Die Menschen spielen darin ihre von Gott vorgesehenen Rollen. Das Barockerbe wird vor allem im symbolhaften Stück „Der Turm" deutlich. Für Richard Strauss schrieb er die Texte zum „Rosenkavalier" und zu „Ariadne auf Naxos".

Hofmannsthal gelangte zur religiösen Verinnerlichung und zu einem Blick auf das Zeitlose. Mit Wildgans verband ihn gegenseitige Hochschätzung. Zwischen den beiden bestand regelmäßiger gesellschaftlicher Verkehr.

Karl Kraus († 1936): Der geistreiche Sprachphilosoph übte in seiner kämpferischen Zeitschrift „Die Fackel" unnachsichtige und scharfe Kritik, deren Gegenstand auch Wildgans wurde. Vor allem die „Kriegsgedichte" nahm er in mißverstandener Übertreibung zum Anlaß feindseliger Polemik. Aber auch sonst lehnte der intellektuell-rationalistische Kraus die emotionelle Wildgansdichtung ab. Er begründete dadurch eine teilweise recht negative Einschätzung des Dichters Wildgans in späterer Zeit, die von „Krausnachbetern" heute noch oft recht vordergründig und ohne die geistreiche Art ihres Idols gepflegt wird.

Bekannt von Kraus ist vor allem die phantastische epische Tragödie „Die letzten Tage der Menschheit". Der expressionistische Meister der Sprachkunst und leidenschaftliche Kritiker der Zeitverhältnisse war ein Kämpfer für den Frieden.

Robert Musil († 1942): Der Beamte im Staatsamt für Heerwesen in Wien übernahm 1921 das Wiener Kunst- und Kulturreferat für die Prager Presse. In messerscharfen und oft übertrieben kritischen Polemiken wandte er sich vor allem – und nicht ohne Eifersucht – gegen erfolgreiche zeitgenössische Dichter wie Thomas Mann, Stefan George, Stefan Zweig, Gerhard Hauptmann, Franz Werfel, Peter Rosegger u. v. a. Seine Ablehnung galt natürlich auch Anton Wildgans, dem er vorwarf: „Er spricht gerade das aus, was sich jeder schon gedacht hat."

Die um sachliche Prägnanz bemühte Kunst des Formulierens Musils, vor allem in seinem Hauptwerk „Der Mann ohne Eigenschaften" und seine intellektuelle Realitätskritik, sind konträr zur Wildganssprache.

Im „Mann ohne Eigenschaften" handelt es sich um eine Demaskierung der Zeit. In der Vorrede heißt es: „Ich widme diesen Roman der deutschen Jugend. Nicht der von heute, sondern der, welche in einiger Zeit kommen wird."

Die ambivalente Einstellung Musils zu Wildgans zeigt sich einerseits in einer geradezu verletzend formulierten Kritik, zugleich aber drückt er in einem herzlichen Brief zum 50. Geburtstag persönliche Hochschätzung aus, „trotz sachlicher Gegensätze".

Max Reinhardt war gebürtiger Österreicher. Als Theaterleiter hatte er in Berlin große Erfolge. Zu seinem Ensemble gehörte eine Reihe bedeutender Schauspieler. 1920/21 zählte er zu den Interessenten für die Burgtheaterdirektion. Er besaß einen Vertrag, daß er mit seinem Ensemble durch mehrere Jahre sechs Monate am Burgtheater gastieren solle – unter Zusage der Premieren.

Als Wildgans Direktor wurde, sah er in Reinhardt eine Gefahr für die Eigenart des Burgtheaters und dessen Ensemble. Er setzte die Auflösung dieses Vertrages durch, was ihn in Gegensatz zum damaligen Leiter der Staatstheaterverwaltung brachte und damit viele Schwierigkeiten einleitete. Reinhardt übernahm bald darauf das Theater in der Josefstadt, das er zur Blüte brachte. Das „Reinhardtseminar" und die „Salzburger Festspiele" sind mit dem Namen dieses bedeutenden Regisseurs verbunden. Der Versuch von Wildgans, Reinhardt als Regisseur für das Burgtheater, vor allem für das Akademietheater zu gewinnen, schlug fehl.

Arthur Schnitzler († 1931): Der Wiener Arzt besaß einen hochentwickelten Sinn für die zarten, leisen Bewegungen der Seele und der Dinge. Seine Eindrucksoffenheit und hellhörige Reizbarkeit bezog aus der Psychoanalyse Siegmund Freuds wesentliche Anregungen. Zwischen ihm und Wildgans bestanden gegenseitige Hochachtung und Wertschätzung. Wildgans war voll Bewunderung für das dichterische Werk Schnitzlers und seiner Persönlichkeit. Gegen Widerstände (Antisemitismus), die er persönlich zu spüren bekam, setzte er u. a. die Aufführung des Dramas „Der Gang zum Weiher" im Burgtheater durch.

Franz Werfel († 1945): Sein Werk weist eindrucksvolle Rhetorik und barocke Wortfülle auf. Hauptthemen seiner Dichtung sind Menschlichkeit, Liebe, Ehrfurcht. Der „Spiegelmensch", von Werfel selbst als sein „Faust" betrachtet, zeigt allegorisch den Kampf zwischen dem Schein-Ich und dem Sein-Ich auf. Die Aufführung im Burgtheater brachte dem Direktor Wildgans von Robert Musil feindselige Angriffe ein, der ihm die Freundschaft zu Werfel, den Musil heftig ablehnte, zum Vorwurf machte. Eine weitere Aufführung eines Werfelstückes im Burgtheater unter Wildgans war „Das Reich Gottes in Böhmen".

Von den Romanen Werfels sind unter anderem „Der veruntreute Himmel", „Die vierzig Tage des Musa Dagh" und „Das Lied von Bernadette" zu nennen.

Stefan Zweig, († 1942): Er wurde im selben Jahr wie Wildgans geboren. Zwischen beiden entwickelte sich eine herzliche, freundschaftliche Beziehung. Die geistige Weite, seine künstlerische Erlebniskraft, die freie, tolerante Humanität erweisen Zweig als einen einfühlsamen Deuter des menschlichen Schicksals. Er litt unter seiner erzwungenen Heimatlosigkeit (Emigration) und setzte seinem Leben selbst ein Ende. Von Zweig sind u. a. Novellen mit nuancierter Prosa und geistvolle Essays über bedeutende Persönlichkeiten sowie der Roman „Ungeduld des Herzens" und das Erinnerungsbuch: „Die Welt von gestern".

VI

ÜBERLEGUNGEN ZUR UNTERRICHTS-PRAXIS

Die folgenden Hinweise sollen Anregungen für Lehrer bieten, die ihren Schülern nicht nur Wildgans wieder nahebringen wollen, sondern die an seinem dichterischen Werk paradigmatisch über diese Epoche Informationen zu bieten versuchen.

1. Verständnis für die Österreichische Zwischenkriegszeit

Wildgans ist als Mensch und Dichter in einem gewissen Sinn für die Zeit nach dem ersten Weltkrieg und die Epoche des Überganges Österreichs vom Habsburgerreich zur kleinen Republik beispielhaft. Eine Art Schlüsselfigur in literarischer und gesellschaftlicher Hinsicht, als ein Opfer der damaligen politischen Verhältnisse und Parteigegensätze. Österreich besaß damals eine qualitativ und quantitativ hervorragende Elite bedeutender dichterischer Persönlichkeiten. Viele von ihnen, wie etwa Hofmannsthal, Schnitzler, Beer-Hofmann, Zweig, Mell, Ginzkey, Braun, Csokor, Werfel u. a., waren mit Wildgans befreundet und schätzten ihn. Die Lektüre des Briefwechsels zwischen ihnen und Wildgans ist wertvolle Literaturkunde.[22] Die kritischen Gegner wie Karl Kraus, Robert Musil u. a. versuchten den Erfolg des emotionalen Wildgans abzuwerten. Ihre Vorstellung von Dichtung war eine andere (sachliche Prägnanz, kritische Analyse, harte Kulturkritik [...]). Sie kamen beim damaligen Lesepublikum weniger an als er, was sich allerdings in späterer Zeit änderte.

2. Die soziale Problematik

Viele Dichtungen behandeln Themen mit sozialen Aspekten, die in der damaligen Zeit wenig beachtet wurden (z. B. „Dienstboten", „Vom kleinen Alltag" [...]). Er gehört zu den Bahnbrechern des sozialen Dramas in Österreich, wenn auch unter anderen Gesichtspunkten, als man die soziale Problematik später sah (z. B. „Armut"). Bei ihm geht es mehr um die Anliegen des Kleinbürgertums und noch nicht um die der Industriearbeiterschaft.

Auch das erotische Thema erhielt durch ihn (im Wien des Siegmund Freud) Brisanz (z. B. in „Liebe" und in vielen Gedichten, wie z. B. „Sonette an Ead").

Trotz einer gewissen Zeitverbundenheit haben viele seiner Aussagen vor allem in individuell-menschlichen Bereichen überdauernden Charakter (Eheproblematik, Generationskonflikte, soziale Deklassierung [...]). Ein Vergleich mit der Gegenwart und anderen Epochen kann interessante Diskussionsansätze bieten. Hervorzuheben sind diesbezüglich die Dramen „Liebe", „Dies irae", „Armut".

3. Österreichbewußtsein

Im Gegensatz zu vielen Zeitgenossen war Wildgans ein bewußter, wenn auch kritischer Österreicher. In seiner „Rede über Österreich" ordnete er dem „Staat, den keiner wollte" eine echte Sendung zu. Zur Zeit des Nationalsozialismus und beim Wiederaufbau der „Zweiten Republik" kommt ihr geradezu eine Pionierrolle für die „Österreichische Idee" zu. Die kritische Auseinandersetzung der Wildgansvorstellungen mit dem Österreichbewußtsein der gegenwärtigen Generation kann Anregung bieten.

4. Interessante Lesestoffe

Auch die heutige Jugend hat emotionale Bedürfnisse. Die meisten Wildgansgedichte kommen dem, natürlich unter Voraussetzung eines adäquaten Vortrages, entgegen. Auch im „Kirbisch", in der „Musik der Kindheit" lassen sich anregende Lesestoffe finden.

5. Psychologische Aspekte

Geradezu tiefenpsychologische Einsichten finden sich in den „Bürgerlichen Dramen". Die Bedeutung der familiären und milieubedingten Persönlichkeitsformung und der Aufbau unbewußter Verhaltensweisen wird deutlich, individualpsychologische Musterbeispiele, die Entstehung von Komplexen und Neurosen werden aufgezeigt.

Die Schuldfrage, die Problematik der gesetzesorientierten Justiz, der „Gerechtigkeit", wird zur Diskussion gestellt („In Ewigkeit Amen").

6. Lyrik

Die Wildgansgedichte mit ihrer Musikalität, Emotionalität, Innerlichkeit, Gegenstandsbezogenheit regen – trotz gelegentlich unmodern anmutender Diktion – zum Vergleich mit moderner, zeitgenössischer Lyrik an.

7. Zeitkritik

Die Briefe und andere Stellen des Wildganswerkes (Kirbisch, Ideen zum Theater, Dramen [...]) regen nicht nur zu einer Kritik der damaligen Zustände an, sondern auch zu einer vergleichenden kritischen Untersuchung ihrer heutigen Erscheinungsformen.

8. Die Wildgansgegner

Für literarisch Interessierte kann die Diskussion über die gegensätzlichen Positionen – etwa des Karl Kraus und des Robert Musil im Vergleich mit Wildgans und dessen Art zu schreiben – eine anregende Konfrontation ergeben (Redeübungen, Vorträge).

9. Der Burgtheaterdirektor

Wildgans wird vielfach als der bedeutendste Theoretiker des Burgtheaters und dessen Bedeutung für das Wiener Kulturleben angesehen. Seine Ideen könnten zum Vergleich gegenüber der gegenwärtigen Burgtheatersituation interessant sein.

Verschiedene dieser Themen eignen sich für Projektunterricht (Geschichte, Deutsch, Philosophie, Musik, Bildnerische Erziehung, Bühnenspiel, Staatsbürgerkunde, [...]).

Material dazu in: Drama Burgtheaterdirektion. Vom Scheitern des Idealisten Anton Wildgans. F. Hadriga, Herold 1989, Wien.

Viele literaturinteressierte Menschen vor allem der älteren und mittleren Generation bedauern es, daß man im Buchhandel kaum mehr etwas aus den Werken von Anton Wildgans erwerben kann. Die Ausgaben der Wildgansdichtungen, darunter zwei Gesamtausgaben, sind vergriffen, neue sind nicht in Sicht. Tatsächlich aber gibt es, trotz mancher Kritik viele, die am Werk dieses Mannes interessiert sind, und darin nicht nur viele bemerkenswerte Inhalte von allgemeinem Interesse finden, sondern auch vieles, das sie persönlich anzusprechen vermag.

In besonderer Weise ist gerade Anton Wildgans für das Verständnis der österreichischen „Zwischenkriegszeit", vom Zerfall der Monarchie gleichen Namens, bis zum Beginn und Schicksal der sogenannten ersten Republik wie auch für die geistigen Strömungen dieser Zeit von wesentlicher symbolischer Bedeutung. Nicht nur seine „Rede über Österreich", in der er den Glauben an diesen, damals von vielen zweifelnd hinterfragten Staat ausdrückt, sollte nicht vergessen werden. Auch in der Thematik seiner Werke und im Verständnis für die Epoche der kulturellen Entwicklung, in seiner dichterischen Sprache und Form ist er für alle, die österreichische Literatur und damit österreichische Geschichte begreifen wollen, nicht zu übersehen. Er war einer der zentralen Kulturträger dieser Geschichtsperiode, nicht nur einer der damals meistgelesenen Dichter, sondern auch zweimal Burgtheaterdirektor mit einem geradezu tragisch anmutenden Schicksal.

Ein durchaus praktischer Gesichtspunkt soll nicht unerwähnt bleiben. Wildgans ist bedauerlicherweise weitgehend aus dem Unterricht in den Schulen verschwunden. Die Lehr- und Lesebücher verschweigen ihn. Darin ist ein echtes Versäumnis zu sehen, das sachlich nicht zu begründen ist. War in früheren Jahrzehnten mit Selbstverständlichkeit irgendein Wildganstext zu finden, nehmen die zuständigen Autoren in letzter Zeit davon Abstand. Doch scheint die Annahme berechtigt, daß gerade heute wieder mehr Verständnis und Identifikation mit der engagierten Menschlichkeit und humanitären Denkweise dieses Dichters möglich wird. Mit der vorliegenden „Wildgansauswahl" soll nicht zuletzt interessierten Lehrern eine Hilfe geboten werden. Interessanterweise zeigt sich, daß bei einem entsprechenden Angebot von Lehrerseite Wildgans bei der Jugend erstaunlichen Widerhall findet, weniger vielleicht das „Formale" als das „Inhaltliche" seines Werkes. Die Naturnähe, die Generationsproblematik, Heimatnähe, menschliche Einsamkeit, die Höhen und Tiefen geschlechtlicher Spannungen, die soziale Frage bleiben ewige Anliegen, die zur Auseinandersetzung anregen.

Die hier angedeuteten Überlegungen und viele andere Aspekte, die sich aus der Lektüre ergeben werden, ließen es berechtigt erscheinen, einige charakteristische und aussagekräftige Texte anzubieten.

Franz Hadriga

Für Durchsicht, Korrektur, Ergänzungen und Überarbeitungen einleitender Zwischentexte sei den Herren Univ.-Prof. Dr. Dietz-Rüdiger Moser (München) und Dr. Herbert Zeman (Wien), sowie Herrn Mag. Michael Ritter gedankt.

1 Anton Wildgans. Ein Leben in Briefen. III 18
2 Briefe I, 70
3 R. Roćek, in: Studien zu Anton Wildgans, 1981, 27
4 Briefe I, 333
5 Briefe I, 382
6 Briefe III, 358, 359
7 Briefe I, 443
8 Briefe II, 118
9 Briefe II, 101
10 Briefe II, 172
11 Briefe II, 199
12 Robert Musil, Ges. Werke, Rowolth 1983,1100
13 „Neue Freie Presse" vom 4. Mai 1922
14 Briefe III, 61
15 Briefe III, 126
16 Briefe III, 199
17 „Die Presse" vom 16. April 1961
18 P. Pawlowsky, Das Österreichbild in Geschichte und Literatur, Wien 1962, Folge 8
19 Briefe II, 362
20 Lilly Wildgans, Anton Wildgans und das Burgtheater, Donauland, Wien 1955, 154
21 Lilly Wildgans, Anton Wildgans und das Burgtheater, 350
22 Briefnachlaß Wildgans, Österreichische Nationalbibliothek

Gerstinger Heinz, Der Dramatiker Anton Wildgans. Innsbruck 1981

Hadriga Franz, Drama Burgtheaterdirektion. Vom Scheitern des Idealisten Anton Wildgans. Herold, Wien 1989

Langer N., Anton Wildgans, Dichter aus Österreich. Wien 1956

Pawlowsky P., Das Österreichbild einiger Zeitgenossen Hofmannsthals. In: Österreich in Geschichte und Literatur, Folge 8, Wien 1962

Studien zu Anton Wildgans, Beilage zum „Morgen", Kulturzeitschrift aus NÖ., Nr. 17, 1981

Vogelsang H., Österreichische Dramatiker des 20. Jahrhunderts. Braumüller, Wien 1981

Vogelsang H., Gesang vom Menschen. Stiasny, Wien 1959

Anton Wildgans: Bürgerliche Dramen I, II. Sonderausgabe aus Anton Wildgans: Sämtliche Werke. Hrsg. v. Dr. Ernst Donatin und Lilly Wildgans. Bellaria Verlag Wien und A. Pustet, Salzburg 1950

Anton Wildgans: Die Sonette an Ead. Staackmann, Leipzig 1913

Anton Wildgans: Ein Leben in Briefen, hrsg. von Lilly Wildgans. 3 Bände. Wilh. Frick-Verlag, Wien 1947

Anton Wildgans: Gedichte, Musik der Kindheit, Kirbisch. Hrsg. von Gottfried Wildgans (beruhend auf der Ausgabe: Anton Wildgans. Sämtliche Werke 1953) Kremayr und Scheriau, Wien 1981

Anton Wildgans: Gesammelte Werke. L. Staackmann, Leipzig 1930

Anton Wildgans: „Kirbisch oder der Gendarm, die Schande und das Glück.“ Episches Gedicht. Verlag Staackmann, Leipzig 1927

Anton Wildgans: Rede über Österreich. Verlag „Das Berglandbuch“, 1963 (beruhend auf Anton Wildgans „Sämtliche Werke“ 1953)